KB139830

N잡러를 위한

미리캔버스

개정판

상냥한주디가 알려주는 **개정판**

N잡러를 위한 미리캔버스

지은이 상냥한주디(김정훈)

펴낸이 박찬규 엮은이 윤가희, 전이주 디자인 북누리 표지디자인 Arowa & Arowana

펴낸곳 위키북스 전화 031-955-3658, 3659 팩스 031-955-3660

주소 경기도 파주시 문발로 115, 311호 (파주출판도시, 세종출판벤처타운)

가격 24,000 페이지 300 책규격 175 x 235mm

1쇄 발행 2023년 06월 14일
2쇄 발행 2024년 06월 20일
ISBN 979-11-5839-439-4 (13000)

등록번호 제406-2006-000036호 등록일자 2006년 05월 19일
홈페이지 wikibook.co.kr 전자우편 wikibook@wikibook.co.kr

Copyright © 2023 by 상냥한주디(김정훈)
All rights reserved.
First published in Korea in 2023 by WIKIBOOKS

이 책의 한국어판 저작권은 저작권자와 독점 계약한 위키북스에 있습니다.
신저작권법에 의해 한국 내에서 보호를 받는 저작물이므로 무단 전재와 복제를 금합니다.
이 책의 내용에 대한 추가 지원과 문의는 위키북스 출판사 홈페이지 wikibook.co.kr이나
이메일 wikibook@wikibook.co.kr을 이용해 주세요.

상냥한주디가 알려주는

N잡러를 위한

미리캔버스

개정판

유튜버, 쇼핑몰 운영자,
인플루언서, 마케터에게 꼭 필요한
초간단 고품질 디자인 레시피

상냥한주디(김정훈) 지음

위키북스

저는 2000년도 초창기 웹 디자이너로 일했었고, 결혼과 출산으로 육아에 전념하느라 10년 넘게 전업 주부로 경력이 단절됐었어요.

아이들을 좀 키워놓고 쇼핑몰 웹 디자이너로 일하다, 블로그를 시작하고, 미리캔버스를 통해 N잡(웹 디자이너, 강사, 쇼핑몰 관리자, 브런치 작가, 이모티콘 작가, 유튜버, 네이버 IT 인플루언서)을 하게 되면서 지금은 디지털노마드로 일하고 있어요.

웹 디자이너로 디자인은 항상 포토샵과 일러스트 등의 그래픽 프로그램을 사용했었어요.

그러다 미리캔버스라는 디자인 플랫폼을 알게 되고, 전문 디자이너들이 만든 템플릿을 활용해 쉽고, 빠르고, 예쁘게 디자인을 만들 수 있다는 게 너무 신기했어요.

항상 어렵게 포토샵으로 만들었던 디자인을 이렇게 쉽게 만들 수 있다는 걸 블로그 이웃님들게 알려주고 싶어서 포스팅을 했고, 많은 분께서 미리캔버스를 배우고 싶다는 댓글들을 남겨주셨어요. 그래서 미리캔버스 강의를 처음 시작하게 되었어요.

그 이후 네이버 인플루언서가 되고 싶어 블로그를 홈페이지 형 디자인으로 바꾸었고, 네이버 인플루언서가 되자 많은 분이 홈페이지 형 블로그 디자인을 배우고 싶다고 하셨어요.

그래서 쉽고 예쁘게 만들 수 있는 미리캔버스 플랫폼을 이용해서 홈페이지 형 블로그 디자인을 만들 수 있는 방법을 생각해냈고, 미리캔버스 디자인을 활용할 수 있는 방법들을 알려드렸어요.

그뿐 아니라 미리캔버스를 활용한 쇼핑몰 상세페이지에 관심을 가지시는 분들의 문의가 있었고, 직원을 쓰기 어려운 쇼핑몰 대표님께서 상세페이지 제작 코칭을 받고 싶다고 하여 미리캔버스를 통해 쉽고 빠르게 만드는 방법과 제 디자인 팁들을 알려드렸더니 정말 고마워하셨고, 지금은 디자이너 없이 대표님 스스로 쇼핑몰 디자인을 하고 계세요.

그 이후 혼자 일하시는 1인기업 대표님들과 N잡러 분들께 미리캔버스를 활용한 디자인 방법을 알려드리며 많은 분들이 도움받으셨다고 하셨고, 매출 상승과 마케팅에도 효과를 보셨다고 하셨어요.

미리캔버스는 블로그, 유튜브의 섬네일, 카드 뉴스, 상세페이지, 인스타 피드, 웹 배너, 프레젠테이션과 문서디자인뿐 아니라 로고, 명함, 현수막, 간판, 전단지, 메뉴판, 스티커, 떡 메모지 등의 인쇄 디자인까지 모든 디자인을 할 수 있어요.

지금 저는 모든 디자인을 미리캔버스를 활용해 만들며 N잡으로 수익을 내고 있으며 저에게 미리캔버스를 배운 수강생분들이 N잡으로 수익화하는 일들을 도와주고 있어요.

더 많은 분께 미리캔버스로 자신을 브랜딩하며, N잡에 활용할 수 있도록 도와드리기 위해 이 책을 쓰게 되었어요.

저는 배우고 성장하는 게 즐겁고, 제가 배운 걸 알려주고 다른 사람들의 성장을 돕는 게 좋아요. 전업주부 10여 년에 경력 단절이던 제가 했던 것처럼 여러분도 할 수 있다는 희망을 주고 싶어요.

저에게 출간 기회를 주시고, 책을 집필하는 동안 도와주신 위키북스 출판사에 감사의 마음을 드리며, 2년 넘는 동안 함께 블로그를 하며 응원해주시고 격려해주신 이웃님들과 수강생분들, 마지막으로 매니저 역할을 해주신 부모님과 가족들에게 감사의 인사를 드립니다.

상냥한주디(김정훈) 드림

17만 유튜버 온라인 비즈니스 코치 포리얼

1년 전, 저자를 처음 만났을 때 그녀는 이미 'N잡러'였다. 당시 저자는 '본인이 어떤 영역에 더 집중하는 것이 좋을지' 내게 조언을 구했고, 나는 지체 없이 '디자인 교육'이라 말했다. 저자가 지니고 있는 디자인 지식은 주부 N잡러들이 더 멋진 블로그와 웹사이트를 만들 수 있게 도와주기에 충분했기 때문이다. 1년간 다수의 교육생을 가르치며 축적한 노하우를 바탕으로 이렇게 책이 나왔다고 하여, 바로 읽어보았다.

저자는 웹디자이너로 일한 경험을 가지고 있었으나, 이른 나이에 결혼하여 긴 시간을 전업주부로 살아왔다. 어느 순간, 스스로의 성장에 목말랐던 저자는 웹디자이너로서 일을 다시 시작했고, 동시에 독서와 블로그 운영을 하며 N잡러의 삶을 시작했다. 그러나 무엇보다 그녀의 삶이 변화한 것은 '미리캔버스'를 알게 된 후부터였다. '디자인'은 오랫동안 다루기 어려운 소프트웨어를 가지고 해야 하는 작업으로 여겨져 왔다. 저자 역시 오랫동안 일을 쉬며 디자인 툴의 변화에 적응해야 했을 것이다. 그러나 미리캔버스를 접하고 새로운 세계를 만났음을 느꼈을 것이다.

미리캔버스는 비디자이너가 N잡을 하기 위해 익혀야 할 가장 기본적인 툴이자, 필수적인 툴이다. 심지어 디자이너들도 미리캔버스를 이용해 작업 시간을 현저하게 줄여나가고 있다. 이 책은 디자이너 출신이 직접 '상냥하게' 알려주는 N잡러들을 위한 미리캔버스 안내서이다. 저자가 온라인 세상에서 자신의 재능을 펼칠 수 있게 된 것 역시 '미리캔버스' 덕분이었다. 당신도 이 책을 통해 숨겨진 재능을 펼치고, 성공적인 N잡러가 될 수 있을 거로 생각한다.

요즘은 평범한 사람도 온라인을 통해 자기 자신을 알리고 퍼스널 브랜딩을 할 수 있는 세상이 되었다. 다양한 SNS 플랫폼에 매력적인 콘텐츠를 올리기 위해서 이제 디자인은 필수다. 컴맹에 기계치이고, 포토샵을 배우기엔 부담스러운 분들이라면 미리캔버스를 꼭 배워보길 바란다. 특히 전직 웹디자이너인 상냥한 주디쌤은 디자인에 어려움을 겪는 분들을 위해 누구보다 친절하고 쉬운 설명으로 아낌없이 퍼 주고 있다. 시간은 없지만, 디자인은 잘하고 싶은가? 그럼 지금 당장 이 책을 펼치고 따라 해 보자. 5분 안에 고퀄리티의 디자인을 완성하게 될 것이다.

호모앤더드림 대표 호모앤

'상냥한 주디'라는 이름의 저자를 만난 지 벌써 3년이 되어 간다. 처음 만났을 때의 저자는 블로그로 수익화를 하고 싶어 하는 N잡러였다. 저자가 만든 블로그는 다른 블로그들보다 예쁜 섬네일로 꾸며져 있었고, 이웃들은 어떻게 그렇게 만드는지를 궁금해했다. 웹디자이너였던 저자는 포토샵보다 쉬웠던 '미리캔버스'를 통해서 블로그 섬네일, 타이틀, 유튜브 섬네일 등을 만들었다. 훨씬 복잡하고 어려운 디자인 툴을 썼던 저자로서는 이렇게 쉬운 디자인 툴을 모두가 활용하기를 원했다. 블로그 이웃에게 일일이 가르쳐 주던 저자에게 줌으로 강의해보기를 권했다. 강의 경험이 없었던 저자였지만, 누구보다도 쉽고 친절하게 미리캔버스 사용법을 알려줬다. 쉽지 않은 실습형 강의를 이름 그대로 상냥하게 가르쳐 주었다. 자신처럼 꿈꾸는 누군가에게 미리캔버스라는 디자인 툴이 보탬이 되길 원했다.

주부N잡러 아바라TV

저자는 '미리캔버스'를 이용해서 홈페이지형 블로그, 이모티콘 만들기, 유튜브 섬네일, 강의안을 만들면서 본인 스스로 N잡러의 길을 걸었다. 본인처럼 다른 사람들도 N잡을 할 수 있도록 돕는 '미리캔버스'를 더 많은 사람이 보고 적용할 수 있도록 책으로 썼다. 적지 않은 기간 동안 책을 썼고, 미리캔버스 최신 업데이트 버전까지 포함하느라 더 오랜 기간 준비했다.

'미리캔버스'를 활용할 수 있는 모든 것을 담아낸 책이다. 그동안 노력으로 누군가가 새로운 기회가 된다면 저자는 보람을 느낄 것이다. 이제 이 책을 따라 미리캔버스를 배워보자.

목 · 차

03장

**N잡러도 한다!
미리캔버스 템플릿
활용하기**

04 장

웹디자이너의 미리캔버스 활용 꿀팁

01장

미리캔버스 살펴보기

이번 시간에는 미리캔버스를 둘러보며 미리캔버스의 저작권을 알아보고, 시작 방법과 기본적인 조작법을 알아볼 거예요.

1.1 미리캔버스란?

미리캔버스란 전문 디자이너가 아닌 사람들도 쉽게 원하는 디자인을 만들 수 있는 디자인 플랫폼이에요. 웹 기반의 디자인 편집 툴로 설치가 필요 없고 PC와 모바일에서 모두 사용 가능해요. 전문 디자이너가 만든 다양한 템플릿으로 쉽고 빠르게 디자인할 수 있어요.

PPT와 같은 별도의 프로그램을 설치하지 않고 미리캔버스 템플릿으로 프레젠테이션을 만들어 바로 발표할 수도 있고, 블로그와 유튜브 썸네일, 카드 뉴스, 쇼핑몰 상세 페이지 디자인, 로고와 명함 디자인, 온라인 수업 영상까지 제작할 수 있는 디자인 플랫폼이에요.

1.2 미리캔버스 저작권 알아보기

미리캔버스 강의를 할 때 가장 많이 받는 질문 중 하나가 정말 저작권 걱정 없이 사용해도 되냐는 질문이었어요. 미리캔버스를 사용할 때 필요한 저작권 정책에 대해 Q&A 형식으로 정리해 보았어요.

Q. 미리캔버스에서 제공하는 템플릿을 모두 사용해도 되나요?

A. 네! 사용해도 돼요.

다만, 왕관 표시가 있는 템플릿은 프리미엄 콘텐츠로 요금제를 업그레이드 후 사용 가능합니다.

왕관 표시가 없는 템플릿은 무료로 사용할 수 있어요.

무료 요금제에서 사용 가능한 템플릿에도 프리미엄 콘텐츠(사진, 일러스트, 이미지, 영상 등에 워터마크가 있는 콘텐츠)가 포함될 수 있으나, 무료로 이용하고 싶다면 프리미엄 콘텐츠를 삭제하고 다른 무료 콘텐츠로 대체해 사용하면 됩니다. 템플릿 그대로 사용하고 싶다면 콘텐츠를 개별 구매하거나, 유료 요금제로 업그레이드 후에 사용할 수 있어요.

Q. 미리캔버스에서 제공하는 폰트를 전부 사용해도 되나요?

A. 네! 사용해도 돼요.

미리캔버스에서 제공하는 폰트는 저작권사에서 비상업적 용도와 상업적 용도로 사용할 수 있도록 무료 배포하거나 미리캔버스가 저작권사와 정식 계약을 맺고 제공하는 것들이에요. 다만, 공공기관이나 단체, 기업에서 무료로 배포하는 폰트 중 일부는 사용 시 출처 표시가 필요해요. 출처 표시가 필요한 폰트는 따로 미리캔버스 헬프 센터에서 확인할 수 있어요(https://miricanvas.zendesk.com/hc/ko/articles/900006170983).

Q. 미리캔버스에서 제공하는 요소를 전부 사용해도 되나요?

A. 네! 사용해도 돼요.

미리캔버스에서 제공하는 요소는 제휴사에서 무료로 배포하거나, 미리캔버스가 제휴사와 정식 계약을 맺고 제공하는 것들이에요. 미리캔버스 회원이라면 전부 사용할 수 있어요. 하지만 왕관이 붙은 요소는 요금제를 업그레이드 해야 사용할 수 있고, 무료 요금제에서는 비슷한 다른 요소를 찾아 사용하면 돼요.

다만, 요소 하나를 다운로드(캡처 및 다른 이름으로 저장 포함)해서 사용하는 것은 안 돼요. 반드시 2개 이상의 요소를 결합해서 '디자인'을 만들어 사용해야 해요. 그리고 캐릭터는 특정 기업 및 단체 등의 마스코트로 사용할 수 없어요.

Q. 미리캔버스에서 제공하는 인물사진을 사용해도 되나요?

A. 미용이나 병·의원 광고 홍보물에 사용하고자 한다면 별도 확인이 필요해요.

모든 인물사진은 수술 또는 시술 Before&After 사진으로 사용할 수 없어요. 또한 사회 미풍양속을 저해하거나 모델의 명예나 품위, 인격권을 훼손하는 용도로 사용할 수 없어요. 그리고 특정 제품을 모델이 보증하는 형식의 과대광고 등에 사용하거나 모델의 신체 및 얼굴 등과 제삼자의 사진 또는 이미지를 합성하여 재가공하는 것도 안 돼요. 또한 인물사진은 업종 제한이 있으니 반드시 사전에 미리캔버스 고객센터(miricanvas@miricanvas.com)로 문의해서 사용 가능 여부를 확인해봐야 해요.

Q. 미리캔버스 템플릿으로 로고를 만들어서 사용해도 되나요?

A. 네! 사용해도 돼요.

미리캔버스에서 제공하는 템플릿 및 디자인 요소로 만든 로고는 비상업적인 용도(동호회, 개인 SNS 프로필, 단체 등)와 상업적인 용도(가게, 쇼핑몰, 사업자 등)로 모두 사용 가능해요.

다만, 상표권 등록에는 사용할 수 없으니, 상표권 등록에 사용할 로고는 미리캔버스의 로고 디자인 의뢰 서비스를 이용해주세요.

Q. 미리캔버스에서 만든 디자인을 상업적으로 사용해도 되나요?

A. 네! 사용 가능해요.

광고홍보 목적으로 온라인에 게시할 수 있고 인쇄하여 배포하는 것도 가능해요. 또한 특정 클라이언트에게 의뢰를 받아, 미리캔버스에서 '맞춤 디자인'을 제작해 납품하는 용도로 사용할 수 있어요. 이와 같이 사용할 때는 의뢰인에게 미리캔버스에서 작업했음을 고지해야 해요.

다만, 미리캔버스에서 제작한 디자인 샘플 또는 완성된 디자인을 바탕으로 디자인을 판매하거나, 판매 목적의 상품 제작(예: 판매할 티셔츠 디자인 제작)에는 사용이 불가능해요.

그리고 유/무료 스톡 이미지 서비스 또는 크리에이터 마켓에 디자인을 업로드 또는 판매하는 것은 불가능해요. 또한 미리캔버스에서 제공한 것 외에 직접 추가한 요소가 있다면 해당 요소에 대한 저작권은 직접 확인해야 해요.

Q. 미리캔버스에서 만든 디자인을 공모전이나 대회에 출품해도 되나요?

A. 출품작에 대한 지식재산권(저작권 포함)을 요구하는 공모전 및 대회는 안 돼요.

미리캔버스에서 제공하는 템플릿을 그대로 사용한 디자인을 출품하는 것은 안 돼요. 또한 편집 가능한 템플릿 형태(PPT 파일 포함)로 출품하는 것도 안 돼요. 출품 시 '통 이미지(빠른 다운로드)' 옵션으로 다운로드하거나 PDF 파일로 다운로드해서 제출해야 해요. 또한 미리캔버스에서 제공하는 것 외에 직접 추가한 요소가 있다면 해당 요소에 대한 저작권은 스스로 확인해봐야 해요.

그리고 기본적으로 도박, 향락 등 불건전 업종, 기타 건전 문화에 반하거나 사치, 투기 조장 등의 우려가 있는 업종은 이용을 제한해요. 또한 불쾌감을 주는 광고 및 콘텐츠를 만들거나 타인을 비방하는 용도로는 이용할 수 없어요.

이상 미리캔버스의 저작권에 대해 알아보았는데, 기타 사용할 때 걱정되는 부분이 있다면 미리캔버스 헬프 센터에 문의하면 도움을 받을 수 있을 거예요.

https://miricanvas.zendesk.com/hc/ko/categories/360002326912-저작권-운영정책

1.3 미리캔버스 요금제 알아보기

미리캔버스는 회원가입을 하면 기본적으로 누구나 무료로 이용할 수 있어요.

이 책에서 설명하는 내용은 모두 무료 요금제에서 활용할 수 있는 기능을 위주로 알려드리고 있어요. 무료 요금제로도 충분히 미리캔버스를 활용하여 다양한 디자인을 할 수 있어요.

하지만 더 많은 프리미엄 콘텐츠와 넉넉한 용량을 이용하고 싶다면 유료 요금제인 Pro 버전으로 업그레이드 후 사용하세요.

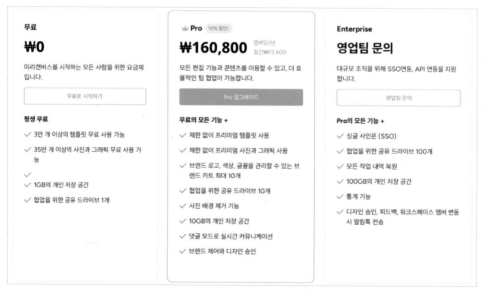

※ 교육 기관에서 일하고 계신 선생님들은 미리캔버스 Edu 서비스를 무료로 사용할 수 있어요.

1.4 미리캔버스 시작 방법

미리캔버스는 크롬 브라우저에 최적화되어 있어요. 크롬 브라우저가 설치되어 있지 않은 분들은 먼저 크롬 브라우저를 설치해 주세요(https://www.google.com/chrome/).

01. 크롬 브라우저에서 미리캔버스 사이트에 접속한 다음, 오른쪽 상단의 [5초 회원가입]을 클릭해주세요.

- https://miricanvas.com/

02. 오른쪽 상단의 [5초 회원가입]을 클릭한 후 회원가입을 해주세요.

미리캔버스의 회원가입은 네 가지 방법이 있어요.

❶ 카카오 계정으로 간편 가입하기

❷ 네이버 계정으로 간편 가입하기

❸ 이메일로 회원 가입하기

이 방법은 가입한 후에 가입할 때 작성한 이메일로 가서 인증과정을 거쳐야 회원가입이 완료돼요.

❹ 그밖에 구글, 페이스북, 웨일 계정을 연동해 회원가입하는 방법이에요. SNS 계정을 연동할 경우 별도의 인증 절차 없이 로그인할 수 있어서 간편해요.

03. 로그인하고 나면 "편리하게 로그인하세요"라는 창이 뜨는데, PC방 혹은 공동 컴퓨터는 개인정보 보호를 위해 [로그인 유지 안함]을 클릭하고, 개인 컴퓨터라면 [로그인 유지하기]를 클릭하면 매번 로그인하지 않아도 되기 때문에 편리해요.

1.5 미리캔버스 작업 화면

미리캔버스 로그인한 후 첫 화면에서 [바로 시작하기]를 클릭해 주세요.

그럼 미리캔버스에서 새 디자인을 시작할 수 있는 작업 화면이 나와요.

미리캔버스 작업 화면은 상단 메뉴와 왼쪽 메뉴 그리고 디자인을 하는 작업 페이지로 구성
돼 있어요. 이어서 상단 메뉴, 왼쪽 메뉴, 작업 페이지를 자세히 살펴볼게요.

상단 메뉴

상단 메뉴에는 홈, 파일, 설정, 작업 사이즈, 저장, 공유 게시, 다운로드와 인쇄물 제작으로
바로 가는 메뉴들이 있어요. 각 메뉴에 대해 설명해 드릴게요.

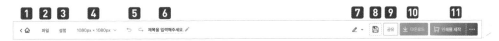

1 홈: 홈 모양 버튼을 클릭하면 그동안 작업했던 디자인이 있는 작업 공간인 워크스페이스
로 이동해요.

2 파일: 파일 메뉴에는 미리캔버스에서 작업 시 필요한 메뉴가 있으니 꼭 기억해 두세요.

❶ **제목을 입력해주세요.** 미리캔버스에서 만든 디자인을 저장할 때 쓸 제목을 입력해요. 작업한 디자인을 다운로드하면 이때 지정한 이름으로 파일명이 생성돼요. 작업공간에 디자인이 많아졌을 때 검색하기 쉬운 키워드를 넣어 이름을 정하는 게 좋아요.

❷ **새 디자인 만들기:** 현재 작업하는 창은 그대로 두고, 새로운 디자인 작업을 할 때 사용하는 메뉴입니다.

❸ **사본 만들기:** 현재 작업하는 창은 그대로 두고, 새 창에 현재 작입 창과 똑같은 디자인이 복사됩니다. 기존에 만들어 두었던 디자인에서 약간의 수정을 원할 때 주로 사용해요.

❹ **저장하기:** 현재까지 작업한 내용이 저장됩니다.

❺ **인쇄물 제작하기:** 비즈하우스[1]로 이동해서 작업한 디자인을 인쇄물로 제작할 수 있습니다.

❻ **작업내역:** 이전에 작업했던 내역을 버전 목록에서 확인하거나 복구할 수 있는 기능으로, 작업내역 클릭 시 저장된 버전 목록을 볼 수 있습니다. 또한 이전 버전으로 복원하거나 사본 만들기를 할 수 있는데, 이는 유료 요금제에서만 사용할 수 있습니다.

1 　비즈하우스란 미리캔버스에서 운영하는 인쇄 출력 전문 서비스입니다.

❼ 텍스트 찾기 및 바꾸기: 여러 페이지에 사용된 텍스트를 찾아서 개별 또는 모두 바꾸기가 가능합니다(단축키 Ctrl + F).

❽ 슬라이드 쇼: 템플릿 중 프레젠테이션 만들기를 했을 때 활용하면 좋은 기능입니다. 하단의 설정 버튼에서 화면 전환 효과와 시간 등을 설정할 수 있습니다.

❾ 도움말: 미리캔버스 헬프 센터 기능 중 중요한 부분을 모아놓았고, 우편함에서는 공지사항과 업데이트 부분을 확인할 수 있습니다. 도움말은 오른쪽 하단 물음표 말풍선을 클릭하면 확인할 수 있습니다.

❸ 설정: 미리캔버스의 작업환경을 설정하는 메뉴입니다.

❶ 에더 바꾸기: [디자인 에디터] 버튼을 클릭하면 디자인 에디터로 바뀌고, 디자인을 편집할 수 있어요. [동영상 에디터]를 클릭하면 동영상 에디터로 바뀌고 동영상을 편집을 할 수 있어요.

❷ **다크모드**: 다크모드로 설정하면 화면이 검은색으로 보이며, 버튼을 활성화하지 않으면 흰색으로 보입니다.

❸ **레이어**: 레이어는 겹겹이 쌓는다는 뜻으로, 레이어 메뉴에서는 디자인에 사용한 요소의 배치 순서를 한눈에 볼 수 있고, 요소를 드래그해서 쉽게 순서를 변경할 수 있습니다. 제일 최근에 작업한 디자인이 가장 위에 배치됩니다. 오른쪽 자물쇠 버튼으로 해당 레이어를 잠그거나 잠금을 해제할 수 있고, 잠금을 해제한 상태에서 수정, 변경, 삭제할 수 있어요. 레이어 사용법은 223쪽(레이어 활용으로 작업 속도 높이기)을 참고해 주세요.

❹ 눈금자 보기: [눈금자 보기] 버튼을 활성화하면 작업영역 상단과 왼쪽에 눈금자가 생깁니다. 눈금자는 요소와 이미지 혹은 캔버스의 사이즈를 알려주는 기능을 하며, 정렬과 구도를 맞출 수 있어요. 눈금자 쪽으로 마우스를 가져다 대면 커서가 양쪽 화살표 모양으로 변하는데, 그때 눈금자를 끌어당기면 가이드 선을 만들 수 있습니다.

❺ 가이드 선: [가이드 선]은 정렬과 구도를 맞출 때 유용하게 사용할 수 있어요. [가이드 선 보기]를 활성화하면 작업 페이지에서 가이드 선을 볼 수 있고, 가로 가이드 선 추가, 세로 가이드 선 추가로 선을 더 추가할 수 있으며, 가이드 선을 마우스로 움직일 수 있어요. 가이드 선을 원하는 위치로 조정한 후 움직이지 않게 하려면 [가이드 선 잠금]을 활성화하면 됩니다.

민트색 줄이 가이드선

❻ 에디터 환경: [에디터 환경]에서는 [스냅 가이드], [편집영역만 보기], [요소 사이즈 입력]
을 활성화 할 수 있어요.

- **[스냅 가이드]**: 스냅 가이드를 활성화하면 편집 페이지의 요소를 움직일 때마다 보라색의 스냅 가이드
  선이 보여 정렬을 맞추기가 쉽습니다.

- **[편집영역만 보기]**: 편집영역만 보기를 활성화하면 편집 페이지에 불러온 이미지와 요소가 편집 페이
  지 영역 안에서만 보이므로 실제로 다운로드했을 때 보이는 디자인 영역을 알 수 있습니다.

- **[요소 사이즈 입력]**: 요소 사이즈 입력을 활성화하면 왼쪽 상단에 요소의 가로세로 크기와 회전 각도를
  직접 입력할 수 있습니다.

❼ 페이지 번호: [페이지 번호 사용하기]를 활성화하면 오른쪽 상단이나 하단에 페이지 번호를 넣을 수 있고, 시작 번호를 지정할 수 있습니다.

❽ 자동 저장: [자동 저장]을 활성화하면 따로 저장하지 않아도 자동으로 저장되므로 [자동 저장] 옵션은 활성화해 놓는 것이 좋습니다.

❾ 언어: 한국어, English(영어), 日本語(일본어) 중에서 선택할 수 있습니다. 미리캔버스는 한국어, 영어, 일본어를 지원합니다.

❹ 배경화면 사이즈: 미리캔버스의 배경화면 사이즈는 처음 회원가입 후 로그인 시 기본 1080px×1080px로 설정되어 있습니다. 직접 입력으로 사이즈를 직접 입력할 수도 있고, [웹용], [동영상], [인쇄용] 등 용도에 따라 원하는 템플릿 사이즈를 선택해서 사용할 수도 있어요.

❺ 되돌리기/재실행(↶)(↷): 화살표가 앞쪽으로 향하는 것은 [되돌리기]로, 방금 한 작업의 실행을 취소하여 되돌리는 기능이며, 화살표가 뒤쪽으로 향하는 것은 [재실행]으로, 방금 되돌렸던 작업을 재실행하는 기능입니다.

6 내 드라이브/제목을 입력해주세요.

(내 드라이브 / 제목을 입력해주세요. ✏): 작업하는 디자인의 파일명을 입력하는 메뉴입니다. [내 드라이브]는 워크스페이스에서 폴더로 디자인 문서와 요소를 관리하는 곳으로, 드라이브에서 원하는 폴더를 선택 후 저장할 수 있어요.

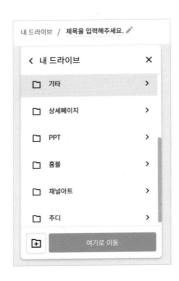

7 편집모드(✏ •): 디자인을 직접 편집할 수 있는 편집모드이며, 클릭 후 보기 모드(◎)로 변환할 수 있어요. 피드백 모드(♀)로 변환하려면 유료 요금제로 업그레이드 해야 해요.

8 저장(💾): 플로피디스크 모양의 버튼은 [저장하기] 버튼이며, 작업한 디자인을 저장할 수 있습니다. (단축키 : Ctrl + S)

9 웹 게시 및 공유(공유): 미리캔버스에서 편집한 디자인을 다른 사람에게 공유할 수 있어요. 공유하려면 우선 디자인 문서 공개를 활성화해야 해요. 그러고 나서 링크를 복사한 후 페이스북, 트위터, 카카오톡, 카카오스토리, 블로그, 밴드에 공유 링크를 게시할 수 있습니다.

[페이지 스타일]은 좌우 슬라이드 상하 스크롤, 퀴즈/심리테스트 중 하나를 선택할 수 있어요. 기본적으로 상세 옵션에 활성화 된 원본 문서 복제 허용, 좋아요/댓글 허용, 슬라이드쇼 보기, 공유버튼을 사용할 수 있으나 이 기능들을 비활성화하려면 유료 요금제로 업그레이드 해야 합니다. 비밀번호는 버튼을 활성화 해서 설정할 수 있어요.

🔟 다운로드(⬇ 다운로드): 미리캔버스로 만든 디자인 파일을 저장하여 다운로드할 수 있는 메뉴입니다. [웹용], [인쇄용], [동영상]에서 원하는 형식으로 내려받을 수 있습니다.

❶ 웹용: 웹용은 JPG, PNG, PDF, PPT로 내려받을 수 있습니다. 이미지 파일은 JPG와 PNG로 다운로드할 수 있습니다. JPG는 용량이 작지만 이미지 손상이 다소 있을 수 있고, PNG는 고품질의 이미지로 투명 배경으로 저장할 수 있습니다. 또한 JPG, PNG, PDF 파일 형식으로 [빠른 다운로드], [고해상도 다운로드]를 할 수 있는데, [빠른 다운로드]의 경우 다운로드 속도는 빠르지만 선명도가 떨어질 수 있으니 선명도를 유지해야 하는 경우 [고해상도 다운로드]를 하기 바랍니다.

여러 장을 다운로드할 때는 압축 ZIP 파일로 다운로드되니 압축파일을 풀어서 사용하면 됩니다. 상세 페이지 혹은 전체 이미지를 합쳐서 저장하려면 [한 장의 이미지로 합치기]를 체크한 후 저장하면 한 장의 이미지로 다운로드할 수 있습니다. PDF와 PPT 파일 문서로도 저장할 수 있는데, PPT로 저장할 때는 PPT 문서에서 재수정이 가능하지만, 재편집을 목적으로 배포 및 판매하는 것은 금지되어 있으니 [개별 요소를 이미지화]하여 다운로드하기를 권장합니다.

TIP PPT 옵션 차이점

1. **[개별 요소 이미지화(권장)]**으로 다운로드 시 텍스트가 이미지화되어 나오기 때문에 텍스트를 수정할 수 없어요. 대신 미리캔버스에서 작업한 폰트 스타일이 그대로 유지되어 나와요.

2. **[텍스트 편집 가능]**으로 다운로드 시 텍스트 내용을 수정할 수 있어요. 하지만 미리캔버스에서 작업한 폰트가 본인의 컴퓨터에 설치되어 있지 않으면 폰트의 종류가 기본 폰트로 바뀌어 나오므로 작업한 폰트 스타일과 다르게 보일 수 있어요.

3. **[통 이미지(빠른 다운로드)]**로 다운로드 시 통 이미지라서 요소의 위치를 옮기거나 텍스트 내용을 수정할 수는 없지만, 다른 옵션보다 다운로드 속도가 빨라 급하게 제출해야 할 문서가 있을 때 사용하면 좋습니다.

TIP PPT 다운로드 시 유의사항

미리캔버스에서는 PPT 파일 형식으로 내려받아 파워포인트 프로그램에서 재수정할 수 있어요. 하지만 **재편집을 목적으로 배포 및 판매하거나 일부 요소를 추출하여 다른 디자인 툴에 사용하거나 유포하는 것은 저작권법에 위배되니 유의해주세요!**

❷ 인쇄용: [인쇄용]은 JPG와 PDF로 다운로드할 수 있는데, 인쇄용 파일은 개인/사무용 프린터에 적합하므로 인쇄물 제작을 원할 경우 [인쇄물 제작] 버튼을 눌러 비즈 사이트로 이동해 사용합니다.

❸ 동영상: [동영상]은 MP4와 GIF로 다운로드할 수 있습니다. MP4는 동영상 파일, GIF는 움직이는 이미지 파일로 저장해서 다운로드할 수 있어요.

무료 요금제에서는 하루에 7건의 동영상 파일과 GIF 파일을 다운로드 받을 수 있습니다.

⓫ 인쇄물 제작(🛒 인쇄물 제작): 미리캔버스에서 만든 디자인의 인쇄물 제작을 의뢰할 수 있어요.

왼쪽 메뉴(자세한 내용은 Part2 참고)

왼쪽 메뉴는 미리캔버스 메뉴 중 가장 많이 사용하고 중요한 부분이에요. 왼쪽 메뉴에는 템플릿, 작업 공간, 사진, 업로드, 요소, 텍스트, 테마, 오디오, 동영상, 배경, 찜, QR/바코드, AI 드로잉 메뉴가 있고, 자세한 내용은 Part2를 참고해 주세요.

1 템플릿: [템플릿] 메뉴에서는 미리캔버스의 전문 디자이너들이 제작한 디자인 템플릿을 선택해서 편집하여 사용할 수 있어요. 키워드로 검색해서 찾을 수 있고, 템플릿의 종류도 웹용/동영상/인쇄용으로 종류가 많아요.

2 작업 공간: 미리캔버스의 작업 공간이 있는 곳을 워크스페이스라고 하는데, 이 워크스페이스는 구글이나 네이버의 '클라우드' 기능과 비슷해요. 인터넷에 접속하기만 하면 언제 어디서든 데이터를 꺼내 수정하여 사용할 수 있어서 편리해요. 왼쪽 메뉴의 작업공간에서는 이전에 디자인했던 문서들을 불러와 편집할 수 있어요. 워크스페이스에 관한 자세한 설명은 25쪽(워크스페이스)을 참고해주세요.

3 사진: 미리캔버스에서 제공되는 사진을 가져와 사용할 수 있어요.

4 업로드: 개인이 PC 혹은 핸드폰에 가지고 있는 이미지, 동영상, 음악을 미리캔버스에서 사용하고 싶을 때 업로드 메뉴를 사용해 가지고 올 수 있어요.

5 요소: 디자인 작업에 활용할 수 있는 컬렉션, 일러스트, 아이콘, 조합, 애니, 도형, 선 프레임, 차트, 표, AI 드로잉 등의 요소를 사용할 수 있어요.

6 텍스트: 미리캔버스에서 제공하는 스타일, 폰트, 특수문자로 글씨를 꾸밀 수 있어요.

7 테마: 색 조합이 힘들 때 테마를 이용하여 디자인 색상을 한꺼번에 바꿀 수 있어요.

8 오디오: 미리캔버스에서 제공되는 배경음, 효과음을 불러와 사용할 수 있어요.

9 동영상: 미리캔버스에서 제공하는 동영상부터 유튜브 링크까지 불러와 사용할 수 있어요.

🔟 배경: 미리캔버스에서 제공하는 사진 배경과 패턴 배경을 편집해서 사용할 수 있어요.

⓫ 찜: 미리캔버스에서 자주 사용하는 콘텐츠를 찜해서 사용할 수 있어요.

⓬ QR/바코드: QR 코드와 바코드를 직접 만들어 사용할 수 있어요.

⓭ AI 드로잉: 원하는 이미지를 AI로 생성할 수 있어요. AI 드로잉은 유료요금제로 업그레이드 시 이용할 수 있습니다.

작업 페이지

작업 페이지는 미리캔버스에서 만들 디자인을 편집하는 화면이에요.

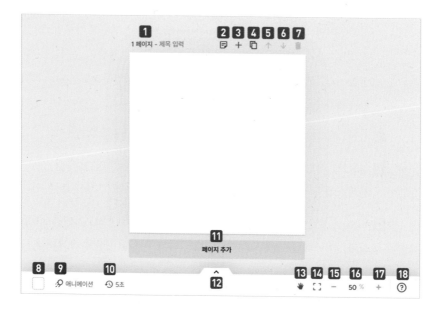

1 1페이지-제목 입력: 각 페이지의 제목을 입력할 수 있고, 슬라이드 쇼에서 페이지를 이동할 때나 링크에서 페이지 이동을 선택할 때 이곳에 입력한 페이지의 제목이 표시돼요.

2 페이지 메모: 페이지 메모에는 페이지에 대한 정보나 설명을 넣을 수 있어요. 특히 웹 게시로 공동 작업을 할 때 유용하게 쓰여요.

3 새 페이지 추가: 현재 작업하는 페이지 아래 새 페이지를 추가할 수 있어요.

4 페이지 복제: 현재 작업한 디자인 페이지를 그대로 복제할 수 있어요.

5 페이지 위로 이동: 페이지를 위로 이동할 수 있어요.

6 페이지 아래로 이동: 페이지를 아래로 이동할 수 있어요.

7 페이지 삭제: 해당 페이지를 삭제할 수 있어요.

8 배경 색상: 작업 페이지의 배경색을 넣을 수 있어요.

9 애니메이션: 애니메이션 효과 버튼을 클릭한 후 왼쪽 애니메이션 창에서 전환 애니메이션 효과를 선택할 수 있어요. 원하는 애니메이션 효과를 선택할 수 있고, 페이지별로 다른 전환 애니메이션 효과를 넣을 수도 있어요. 모든 페이지에 적용을 체크하면 모든 페이지에 애니메이션 효과를 적용할 수 있어요. 애니메이션을 적용한 페이지는 슬라이드 쇼에서 사용할 수 있어요. 또한 MP4 동영상 파일 혹은 GIF로 움직이는 이미지로 저장한 후 다운로드할 수 있어요.

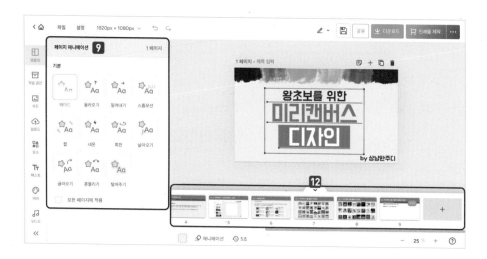

⑩ **페이지 재생 시간:** 프레젠테이션 전환 효과나 동영상(MP4, GIF)으로 다운로드 할 때 페이지별 재생 시간을 설정할 수 있어요.

⑪ **페이지 추가:** 페이지 추가 버튼은 ③의 새 페이지 추가와 동일해요. 현재 페이지 아래 빈 페이지를 추가할 때 사용할 수 있어요.

⑫ **에디터:** 웹용/인쇄용 템플릿에서 하단의 꺽쇠 모양을 누르면 디자인 에디터가 나오고, 동영상 템플릿에서 하단의 꺽쇠 모양을 누르면 동영상 에디터가 나와요. 에디터 페이지 번호를 클릭하면 해당 작업 페이지로 이동하며, 페이지 마지막의 [+] 버튼을 누르면 새 로운 작업 페이지가 추가됩니다.

⑬ **손바닥:** 화면 확대 시 손바닥 버튼이 나타나는데, 이를 클릭하여 작업 페이지를 옮길 수 있어요. 텍스트나 요소를 편집할 때는 다시 손바닥 버튼을 클릭 해제한 후 편집할 수 있 어요.

⑭ **화면 맞춤:** 브라우저의 크기에 맞게 화면 크기를 조정할 수 있어요.

⑮ **화면 축소:** 화면을 축소할 수 있어요.

⑯ **화면 비율:** 화면 맞춤, 화면 채우기, 화면 비율을 조정할 수 있어요.

⑰ **화면 확대:** 화면을 확대할 수 있어요.

⑱ **도움말:** 도움말 버튼을 클릭하면 미리캔버스 헬프센터로 갈 수 있고, 우편함에서는 공지 사항 등을 확인할 수 있어요.

1.6 워크스페이스(저장 공간)

미리캔버스에 접속해서 로그인하면 워크스페이스로 이동합니다. 또한 미리캔버스 작업페이지 상단 메뉴의 홈모양 버튼을 클릭해도 워크스페이스로 이동할 수 있습니다.

워크스페이스란 내 디자인이 저장된 저장 공간이에요. 저장된 디자인과 업로드한 이미지와 동영상 등이 보관되어 있으며 [작업 공간]과 [템플릿], [사람들], [브랜드], [브랜드 관리]로 나뉘어 있어요.

왼쪽 위에 있는 전환 버튼을 클릭하면 새로운 워크스페이스를 만들 수 있어요. 하나의 계정에 여러 개의 워크스페이스를 만들고 워크스페이스를 전환해서 사용할 수 있어요.

작업 공간

작업 공간에서는 미리캔버스에서 작업한 데이터를 검색하고 관리할 수 있어요.

1 내 디자인: 미리캔버스에서 만들어 저장한 디자인들을 볼 수 있어요. 내 디자인 이미지에 마우스를 가져다 대면 초록색 점 세 개가 나오는데, 이를 클릭하면 문서 정보와 ❶사본 만들기, ❷공유하기, ❸이름 바꾸기, ❹폴더 이동, ❺인쇄물 제작하기, ❻휴지통으로 이동하기를 수행할 수 있어요. 디자인 이미지를 클릭하면 바로 편집할 수 있어요.

2 내 드라이브: 미리캔버스에서 저장했던 디자인뿐만 아니라 직접 업로드한 이미지와 동
영상을 관리할 수 있으며, 내 드라이브에 폴더를 만들어 파일을 정리할 수 있어요.

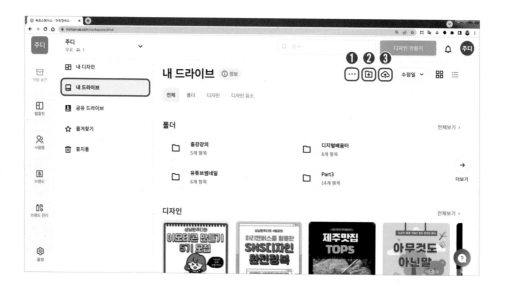

❶ ··· 을 클릭하면 [새 디자인 만들기]와 [새 폴더 추가] 메뉴가 나
옵니다.

❷ ⊞은 [폴더 만들기] 아이콘이며, 폴더 이름을 넣고 바로 폴더를 만들 수 있습니다.

❸ ⬆은 [업로드] 아이콘이며, 내 컴퓨터에 있는 이미지나 동영상을 업로드할 수 있어요.

내 드라이브에서는 폴더를 만들어 관리를 따로 할 수 있고, ❶이미지를 선택한 후 ❷☐ 아이콘을 눌러 폴더로 이동하거나 ❸🗑 아이콘을 눌러 휴지통에 바로 버릴 수도 있어요.

3 공유 드라이브: 공유 드라이브는 워크스페이스의 멤버 공동의 디자인과 요소가 저장되는 공간이예요. 공유 드라이브별 권한 설정은 유료 요금제에서 가능해요.

4 즐겨찾기: 내 드라이브에서 만든 폴더를 즐겨찾기(별 모양 클릭) 하면 이곳에서 볼 수
있어요.

5 휴지통: 삭제한 모든 디자인과 파일이 저장되어 있어요. [복원]이나 [완전히 삭제]를 할
수 있고, 휴지통에 있는 파일은 30일 후 자동으로 완전히 삭제됩니다.

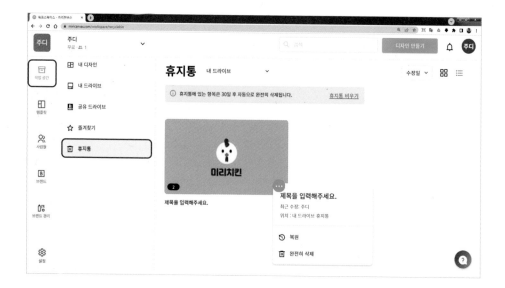

템플릿

템플릿에서는 여러 가지 카테고리의 미리캔버스 템플릿을 선택할 수 있어요.

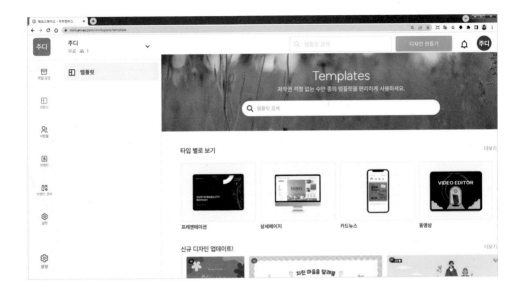

사람들

워크스페이스에 멤버를 초대하고, 공유 드라이브에 멤버를 추가할 수 있어요. 그룹 만들기는 유료 요금제로 업그레이드 해야 사용할 수 있어요.

브랜드

브랜드 키트는 팀의 브랜드 로고를 등록하고, 색상 팔레트, 글꼴을 설정해 일관성 있는 디자인을 만들 수 있어요. 브랜드는 유료 요금제로 업그레이드 해야 사용할 수 있어요.

브랜드 관리

브랜드 관리에서는 디자인에 공지사항 등록, 금지어 설정, 디자인 승인 관리, 에디터 제어 설정 등을 할 수 있어요. 브랜드 관리는 유료 요금제로 업그레이드 해야 사용할 수 있어요.

02장

미리캔버스
주요 메뉴 설명

미리캔버스의 작업 화면으로 들어가려면 미리캔버스 메인 페이지에서 [바로 시작하기] 버튼을 클릭해 들어가는 방법과, 메인 페이지 오른쪽 상단에 있는 프로필 사진을 클릭하고 [워크스페이스] – [디자인 만들기] 버튼을 클릭한 다음 원하는 배경 사이즈를 선택해 들어가는 방법이 있어요.

이번 시간에는 미리캔버스의 주요 메뉴인 왼쪽 메뉴에 대해 설명해드릴게요.

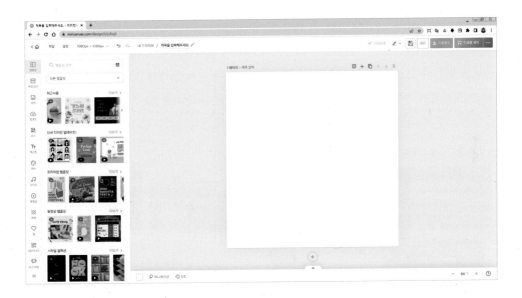

2.1 ▶ 템플릿 – 전문 디자이너가 만든 고퀄리티 디자인

미리캔버스에서는 전문 디자이너가 만든 고퀄리티의 템플릿이 웹용과 동영상, 인쇄용에 각각 적합한 종류와 사이즈로 제공됩니다. 미리캔버스 템플릿을 활용해 여러 종류의 디자인 결과물을 만들 수 있으니 함께 살펴볼게요.

웹용 템플릿

웹용 템플릿에는 프레젠테이션 및 문서 서식, 인포그래픽, 유튜브의 로고, 채널아트, 썸네일, 상세 페이지, 소셜 미디어 정사각형, 인스타그램 피드와 스토리, 카드뉴스, 이벤트 팝업, 로고/프로필, 웹 배너, 배경화면, 북커버, 디지털 명함, 팬시 배너 등 웹에서 사용할 수 있는 다양한 종류의 템플릿이 있어요.

프레젠테이션(사이즈 : 1920px × 1080px)

프레젠테이션 템플릿은 심플한 프레젠테이션, 일러스트/그래픽이 들어간 프레젠테이션, 사진을 활용하거나 차트/표를 활용한 프레젠테이션, 제안서/소개서/비즈니스, 과제/발표 , 수업, 포트폴리오 프레젠테이션 템플릿들이 있어요. 또한 파워포인트 프로그램을 설치하지 않고도 미리캔버스에서 만든 프레젠테이션으로 바로 발표를 할 수 있어 편리합니다.

유튜브(썸네일 : 1280px × 720px, 채널 아트 : 2560px × 1440px)

유튜브에서 쓸 수 있는 유튜브 종류별 브이로그, 플레이리스트, 예능/드라마/먹방/교육, 챌린지/체험/리뷰, 정보/팁 종류의 썸네일과 다양한 채널 아트 템플릿들이 있어요.

상세 페이지(사이즈 : 860px × 1100px)

미리캔버스의 상세 페이지 사이즈는 모바일에 최적화된 사이즈로 돼 있어요. 템플릿의 종류는 심플한 종류의 상세 페이지부터, 일러스트로 만들어진 템플릿, 뷰티/바디/헬스, 푸드, 라이프/패션, 제품 상세 페이지, 학습/취미, 이벤트/행사/채용 등의 상세 페이지 템플릿이 있어요.

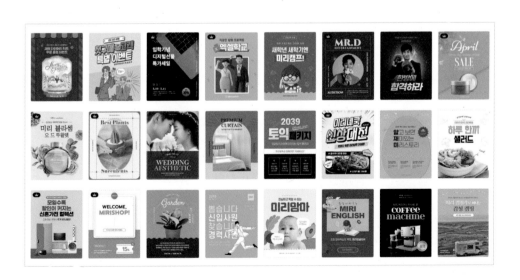

소셜 미디어 정사각형/카드뉴스/인스타 (사이즈 : 1080px × 1080px)

소셜 미디어 정사각형은 각종 소셜미디어에 쓰는 썸네일 이미지 템플릿이에요. 블로그 썸네일, 인스타 피드, 카드뉴스 등에 사용할 수 있어요. 템플릿의 종류는 프로모션/이벤트, 인사말, 할인, 정보/모집/홍보, 휴무일/배송, 밈/기념일 등이 있어요.

웹 포스터(가로 : 1260px × 891px, 세로형 : 891px × 1260px)

웹 포스터 가로, 세로형으로 각종 교육, 홍보 포스터 및 달력, 다이어리, 기획전, 메뉴판 템플릿 등이 있어요.

로고/프로필 (사이즈 : 500px × 500px)

심볼형, 텍스트형, 라벨형 로고와 프로필 템플릿이 있어요.

북 커버(사이즈 : 891px × 1260px)

전문 디자이너가 만든 여러 종류의 북 커버 템플릿이 있어요.

동영상 템플릿

동영상 템플릿으로는 인스타그램의 릴스, 게시물, 스토리, 페이스북의 게시물(가로형, 정사각형), 스토리, 유튜브 영상, 쇼츠, 틱톡 템플릿이 있어요.

인쇄용 템플릿

인쇄용 템플릿으로는 명함, 현수막, 배너, 포스터, 실사출력, 책자, POP, 와블러, 차량용 자석 시트지, 투명포스터, 엽서카드, 머그컵, 의류, 전단지, 종이컵, 아이스컵, 컵홀더, 종이용기, 인쇄 택배박스, 자석오프너, 종이 쇼핑백, 탁상 달력, 떡메모지, 아크릴 굿즈, 브로셔/카탈로그, 부채, 홀더, 어깨띠, 컬러봉투, 리플렛, 티켓, LED 라이트패널, 비닐봉투, 스탠드, 입간판, 현판, 컬러링북 등 다양한 인쇄용 템플릿이 있어요.

명함(가로 사이즈 : 94mm × 54mm)

카페/음료/베이키리, 요식입, 교육서비스업, 도소매/제조업/유통업, 예술/스포츠/레저/여가, 미용/뷰티, 종교, 병원/제약/복지, 부동산/임대/건설/숙박, 금융/보험/투자, 법률/세무/회계, 공공기관/관공서/협회, 기타 전문직/자영업 등의 템플릿이 있어요.

스티커(정사각형 사이즈 : 73mm × 73mm)

코로나 예방, 미용/뷰티, 농수산물, 배송/리뷰, 요식업, 교육서비스업, 도소매/제조업/유통업, 예술/스포츠/레저/여가, 종교, 병원/제약/복지, 부동산/임대/건설/숙박업, 금융/보험/투자, 법률/세무/회계, 공공기간/관공서/협회, 기타 전문직/자영업 등의 템플릿이 있어요.

현수막(가로형 사이즈 : 5000mm × 900mm)

카페/음료/베이커리, 요식업, 교육서비스, 도소매/제조업/유통업, 예술/스포츠/레저/여가, 미용/뷰티, 종교, 병원/제약/복지, 부동산/임대/건설/숙박업, 금융/보험/투자, 법률/세무/회계, 공공기관/관공서/협회, 기타 전문직/자영업 등의 템플릿이 있어요.

배너(사이즈 : 600mm × 1800mm)

카페/음료/베이커리, 요식업, 교육서비스업, 도소매/제조업/유통업, 예술/스포츠/레저/여가, 미용/뷰티, 종교, 병원/제약/복지, 부동산/임대/건설/숙박업, 금융/보험/투자, 법률/세무/회계, 공공기관/관공서/협회, 기타 전문직/자영업 등의 템플릿이 있어요.

포스터(가로형 사이즈 : 600mm × 426mm)

카페/음료/베이커리, 요식업, 교육서비스업, 도소매/제조업/유통업, 예술/스포츠/레저/여가, 미용/뷰티, 종교, 부동산/임대/건설/숙박업, 금융/보험/투자, 법률/세무/회계, 공공기관/관공서/협회, 기타 전문직/자영업 등의 템플릿이 있어요.

책자

책자 템플릿은 세로형, 가로형이 있고, 사이즈는 A4 사이즈와 B5 사이즈가 있어요. 교육용, 혹은 홍보용 템플릿 등이 있어요.

그외 다양한 인쇄용 템플릿들이 있으니 미리캔버스에 들어가서 템플릿을 확인해주세요.

인쇄용 템플릿을 활용해서 인쇄를 할 때는 미리캔버스 패밀리 사이트인 비즈하우스를 이용할 수 있어요. 디자인의 도움이 필요할 땐 비즈하우스 전문 디자인 의뢰가 가능하니 필요시 사용하세요.

2.2 작업 공간 – 워크스페이스(저장 공간)

작업 공간은 내 디자인이 저장된 저장 공간이에요(25쪽(워크스페이스)).

미리캔버스에서 만들어 저장했던 디자인과 업로드한 이미지와 동영상이 보관돼 있어요.

❶ [내 디자인]에서는 작업했던 디자인을 바로 불러와서 사용할 수 있어요.

❷ [내 드라이브]에서는 디자인뿐 아니라 디자인 요소를 불러올 수 있고, 폴더별로 들어가 디자인을 불러올 수 있어요.

❸ [즐겨찾기]에서는 이전에 즐겨찾기 했던 요소들을 불러올 수 있어요.

❹ [공유 드라이브]에서는 워크스페이스 멤버를 초대하여 함께 할 수 있어요. 단, 무료 버전을 이용하는 워크스페이스에서는 모든 워크스페이스 멤버가 공유 드라이브 관리자가 됩니다. 멤버별로 드라이브에 초대하거나 역할을 지정할 수 없어요.

❺ [BIZ 비즈하우스]는 비즈하우스 장바구니에 담아둔 디자인들을 불러올 수 있어요.

2.3 | 사진 – 저작권 걱정 없는 무료 사진 활용하기

미리캔버스에서는 저작권 걱정 없는 무료 사진과 이미지를 제공해요.

※ 왕관 아이콘이 있는 사진은 프리미엄 콘텐츠로 요금제를 업그레이드 해야 사용할 수 있습니다.

화면 왼쪽의 사진 메뉴를 클릭하면 시즌별 카테고리로 이미지가 몇 개씩 보이고, [더보기 >] 를 클릭하면 해당 카테고리 사진을 더 많이 볼 수 있어요.

검색과 필터를 활용하면 원하는 사진을 더 쉽고 빠르게 찾을 수 있어요.

왼쪽 사진 메뉴에서 ❶하늘 사진을 검색했어요. 저는 파란 하늘 사진을 원했는데, 여러 가지 하늘 사진이 나와요. 이럴 때 필터를 사용하면 유용해요. 오른쪽 ❷필터 아이콘을 클릭한 후 ❸색상과 ❹형태를 체크하고 [필터 적용] 버튼을 누르면 파란색, 정사각형 형태의 이미지 위주로 검색 결과가 나와요.

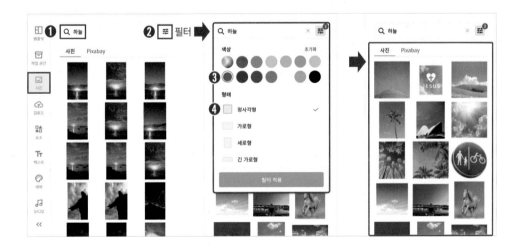

선택한 사진은 사진 모서리를 마우스로 끌어당겨 크기를 조정할 수 있어요.

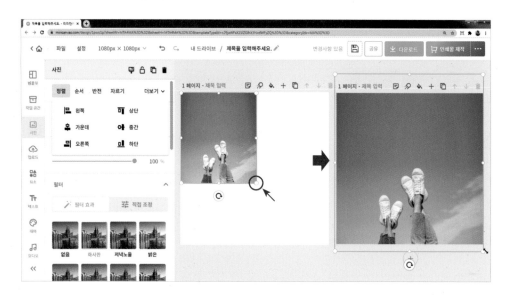

사진을 클릭하면 왼쪽 상단에 **정렬, 순서, 반전, 자르기, 더보기** 메뉴가 있어요. 하나씩 설명해드릴게요.

정렬: 작업 페이지를 기준으로 왼쪽, 가운데, 오른쪽, 상단, 중간, 하단으로 정렬할 수 있어요.

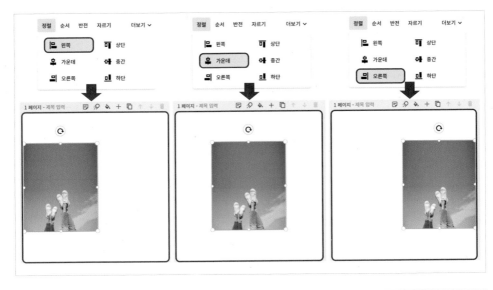

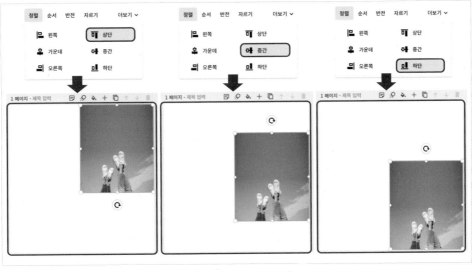

순서: 작업 페이지에서 이미지나 요소가 겹쳤을 때 앞으로, 맨 앞으로, 뒤로, 맨 뒤로 보낼 수 있어요.

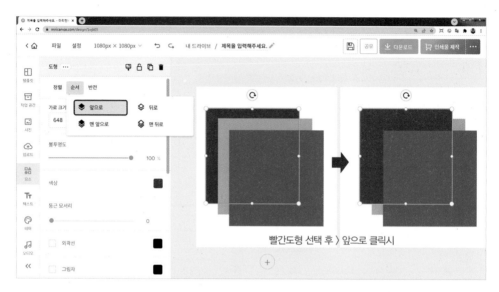

빨간도형 선택 후 〉 앞으로 클릭시

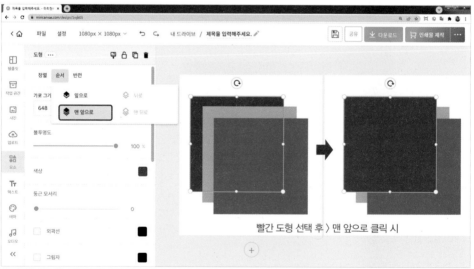

빨간 도형 선택 후 〉 맨 앞으로 클릭 시

반전: 사진이나 요소 등을 좌우 반전, 상하 반전시킬 수 있어요.

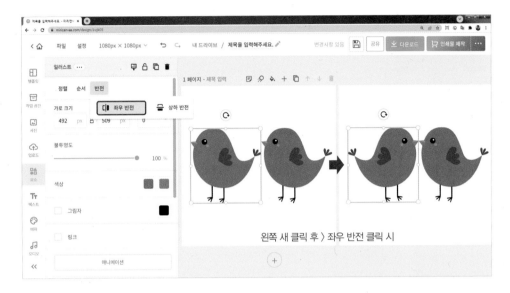

자르기: 사진을 원하는 크기로 자를 수 있어요. 사진을 클릭한 후 자르기를 누르면 모서리에 꺾쇠 표시로 자를 수 있는 영역이 나오는데, 원하는 만큼 지정해서 아래 체크 표시를 클릭한 후 이미지를 자르면 돼요.

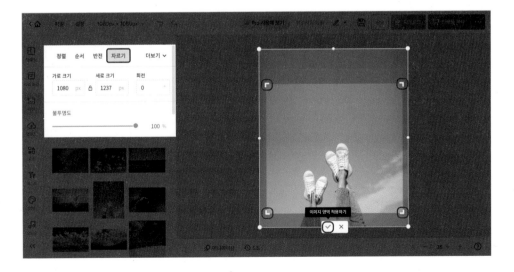

더보기: 일반 사진을 [배경으로 만들기]를 이용해 작업 페이지의 배경으로 만들 수 있어요. 반대로 배경사진을 마우스 오른쪽 버튼으로 클릭한 다음 [배경 빼내기]로 사진을 빼낼 수 있어요.

- **불투명도:** 사진이나 요소를 클릭한 후 투명도를 조절할 수 있어요. 100%에 가까울수록 불투명하고, 0%에 가까울수록 투명해요.

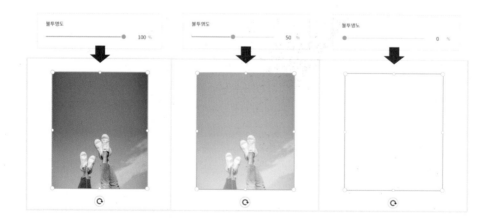

▪ **필터:** 사진에 미리캔버스에서 제공하는 16가지 필터 효과를 넣을 수 있어요. 필터 효과와 더불어 [직접 조정]을 이용하면 원하는 효과를 마음대로 조정할 수 있어 다양한 효과를 적용할 수 있어요.

우선 필터 효과를 흑백으로 선택해볼게요.

[직접 조정]으로 가서 필터 효과를 조절해 주었어요.

❶ 밝기는 수치가 높을수록 밝고, 낮을수록 어둡습니다.

❷ 대비는 밝고 어두움의 차이로, 수치가 높을수록 이미지의 어두운 부분이 더 어두워지고 밝은 부분은 더 밝아집니다. 반대로 수치가 낮을수록 약간 밋밋하고 칙칙한 느낌이 납니다.

❸ 채도는 높을수록 색상이 진해지고, 낮을수록 색상이 흐려집니다. 예제에서는 흑백 이미지를 만들기 위해 채도를 제일 낮게 설정했어요.

❹ 컬러톤을 움직이면 이동하는 컬러톤으로 변경됩니다.

❺ 온도는 파란색 쪽으로 갈수록 차가운 색, 노란 쪽으로 갈수록 따뜻한 색입니다.

❻ 선명/흐림은 수치가 높을수록 선명하며 수치가 낮을수록 흐려집니다.

❼ 비네트는 사진의 가장자리를 어둡게 만드는 효과입니다. 비네트의 수치가 높아질수록 가장자리가 어둡습니다.

색상 채우기: 색상 채우기를 체크하면 사진에 원하는 색상을 입힐 수 있고 강도를 조절할 수 있어요.

그림자: 그림자에 체크하면 그림자 효과를 적용할 수 있어요. 방향, 불투명도, 거리, 흐림 등을 조정해 입체감을 살릴 수 있어요. 그림자에 체크한 다음 색상 부분을 이용해 그림자의 색상을 바꿀 수 있으며, 그림자의 방향 또한 0도에서 365도까지 조절할 수 있어요. 불투명도는 수

치가 낮을수록 그림자의 색상이 불투명해지고, 높을수록 투명해져요. 거리는 수치가 높을수록 사진과 그림자의 거리가 멀어지고, 흐림은 그림자의 흐림 정도로 수치가 높을수록 흐려져요.

그라데이션 마스크: 그라데이션 마스크로 사진의 끝부분을 사각형, 원, 선 모양으로 서서히 흐리게 할 수 있어요.

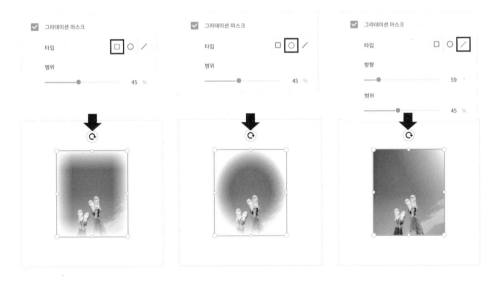

저는 주로 배경색과 자연스럽게 섞이게 할 때 그라데이션 마스크를 조절해서 사용해요.

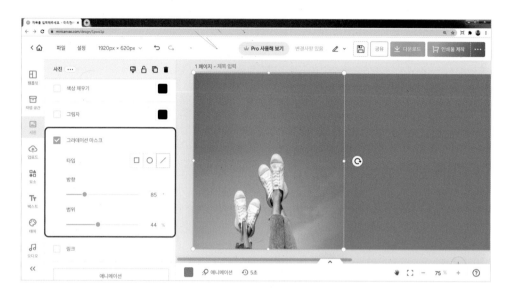

링크: 링크에 체크하면 이미지에 URL 링크를 연결할 수 있고 원하는 페이지로 이동하게 할 수 있어요. 단, 미리캔버스 내에서는 슬라이드 쇼, 웹 게시에서만 링크가 동작하고, 파일로 다운로드할 때는 PDF 파일에만 링크가 적용됩니다.

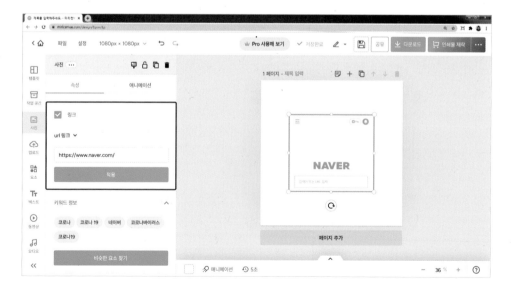

키워드 정보: 사진이나 요소를 클릭한 후 키워드 정보에서 그 사진이나 요소에 사용된 키워드 정보를 볼 수 있어요. 그중 하나를 클릭해 비슷한 요소를 검색할 수도 있고, 비슷한 요소 찾기 버튼을 클릭해서 전체 키워드가 포함된 요소를 검색할 수도 있어요.

2.4   업로드 – 내 사진을 활용해 디자인하기

미리캔버스에서 제공하는 사진과 동영상도 많지만, 본인이 가지고 있는 사진이나 동영상을 추가해 디자인할 수 있어요. 이때 필요한 것이 업로드 메뉴예요.

저는 특히 상세 페이지를 디자인할 때 업로드를 많이 사용해요. 직접 찍은 제품 사진이나, 동영상을 업로드해 나만의 상세 페이지를 꾸밀 수 있어요.

1 업로드를 사용하려면 **❶**왼쪽의 업로드 메뉴를 클릭한 후 **❷**[업로드]를 클릭하고 **❸**내 컴퓨터에 있는 이미지를 선택한 후 **❹**[열기] 버튼을 클릭해주세요.

업로드 버튼 오른쪽에 있는 삼점 버튼(●●●)을 클릭하면 업로드 정보에서 저장 공간 용량과 업로드 가능 파일을 확인할 수 있어요.

업로드할 수 있는 파일

- **이미지**: JPG, PNG, SVG, GIF

- **동영상**: MP4

- **음악**: MP3, M4A

2 또는 내 컴퓨터에 있는 파일을 드래그 앤드 드롭해서 가져다 놓아도 됩니다.

3 내 컴퓨터에 있는 파일을 복사해서(Ctrl+C) 미리캔버스에 붙여넣기(Ctrl+V)해도 돼요.

※ 무료 요금제의 업로드 저장 공간은 1GB에요. 저장 공간을 다 사용했거나, 업로드하려는 요소로 인해 저장공간이 초과되는 경우 업로드 할 수 없어요. 그럴 경우 사용하지 않는 업로드 요소를 삭제(휴지통에서도 완전히 삭제해야 함)해 저장 공간을 확보하거나, 더 많은 저장 공간을 제공하는 유료 요금제로 업그레이드해야 해요.

2.5 요소 – 디자인을 더 예쁘게 꾸미기

미리캔버스는 디자인에 필요한 여러 가지 요소를 제공해요. 요소를 다양하게 활용하여 더 예쁘게 꾸밀 수 있는데, 여기서 요소에 대해 알려드릴게요.

- 왕관 아이콘이 붙은 사진은 프리미엄 콘텐츠로 유료 요금제로 업데이트 해야 사용할 수 있습니다.
- 요소 메뉴로 가면 디자인을 꾸밀 수 있는 요소가 **전체**, **컬렉션**, **일러스트**, **아이콘**, **조합**, **애니**, **도형**, **선**, **프레임**, **차트**, **표**, **AI 드로잉**으로 나뉘어 있어요.

전체: 전체에서는 최근 요소를 주제별로 나누어 보여주고, [더보기 >]를 클릭하면 관련 요소를 더 볼 수 있어요. 요소는 검색을 통해 더 세부적으로 검색할 수 있어요.

컬렉션: 컬렉션은 요소를 주제별로 나눠서 비슷한 요소끼리 모아 놓은 거예요. 주제별로 나눠 놓은 컬렉션에서 [더보기 >]를 하면 더 많은 세부 주제의 요소가 나오고, 그중 한 컬렉션을 선택하면 그림체나 주제가 비슷한 요소가 나와서 디자인을 통일성 있게 만들 수 있어요. 특히 저는 카드뉴스를 만들 때 같은 컬렉션 요소를 잘 활용하고 있어요.

일러스트: 일러스트는 필터를 통해 세부적으로 검색해서 사용할 수 있는데, 일러스트에는 벡
터와 비트맵 형식의 요소가 있어요. 벡터는 사이즈를 확대해도 이미지 품질이 그대로 유지되
며, 색상도 바꿀 수 있어요. 비트맵은 사이즈를 확대하면 해상도가 떨어지고 필터 편집이 가능
하지만 색상은 변경할 수 없어요.

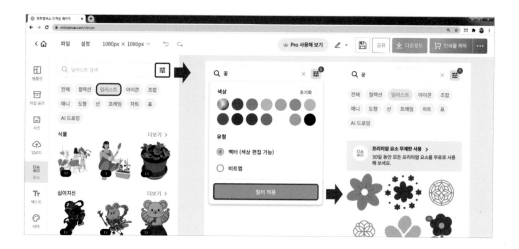

아이콘: 아이콘은 이미지를 단순화 해서 만들어 놓은 요소로 저는 직관적으로 표현해야 하는 메뉴 등을 만들때 주로 사용해요.

조합: 전문 디자이너가 텍스트와 요소를 조합해서 만들어 놓은 디자인이에요. 프레젠테이션에 쓰기 좋은 인포그래픽 디자인, 타임라인/연혁도, 그래프, 쇼핑몰에서 사용하기 좋은 쿠폰, 말풍선, 네임텍 등 주제별 조합을 사용해서 풍성한 디자인을 만들 수 있어요. 단, 이 조합은 그룹으로 묶여 있기 때문에 편집할 때는 그룹을 해제한 후 편집하는 게 좋아요.

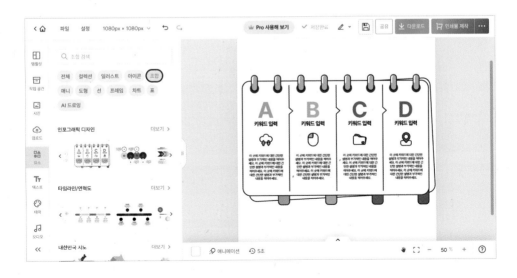

애니: 애니는 움직이는 요소예요. 미리캔버스 슬라이드 쇼 혹은 웹 게시를 하는 경우 움직이는 요소를 볼 수 있고, 동영상(MP4)이나 GIF로 다운로드 시 움직이는 이미지를 만들 수 있어요. 하지만 일반 이미지 파일인 PNG, JPG, PDF 등으로 다운로드할 때는 움직이지 않아요.

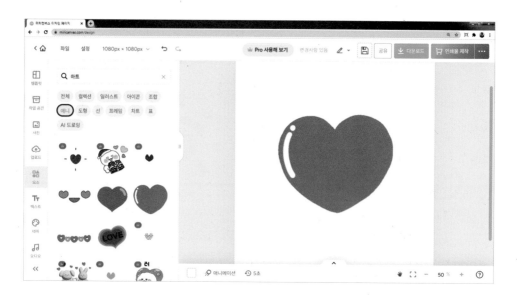

도형: 도형에는 기본 도형뿐 아니라 테두리, 인포그래픽 차트 등이 있어요.

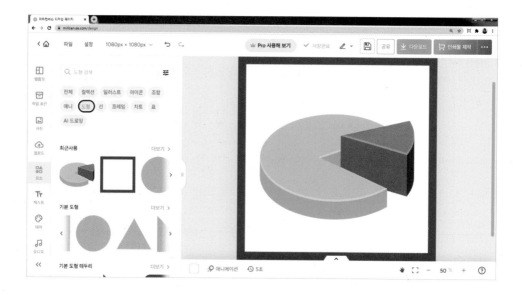

선: 선은 실선, 점선, 화살표, 밑줄/색연필, 곡선, 꺾은선뿐만 아니라, 요소들로 혼합한 선 등
이 있어요.

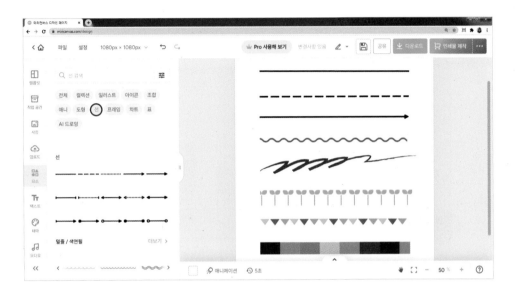

프레임: 프레임은 액자처럼 사진을 넣을 수 있는 기능이에요. 여러 가지 모양의 프레임이 제공
되어 다양하게 디자인할 수 있어요. 원하는 프레임을 선택한 후 프레임 안에 사진 혹은 동영상
을 드래그해서 넣으면 프레임에 들어간 사진 또는 동영상을 볼 수 있어요.

차트: PPT에서 사용할 수 있는 여러 모양의 차트 디자인이 제공되며, [데이터 편집]으로 직접
수치를 입력하여 차트를 편집할 수 있어요.

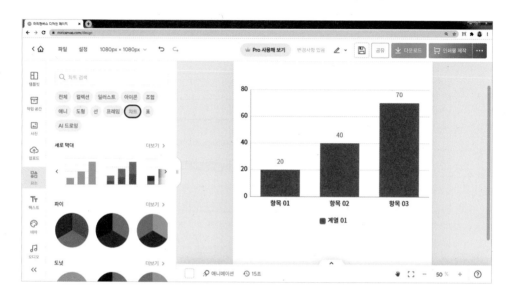

표: 디자인에 기본 스타일의 표부터 의류 사이즈, 달력 등의 표를 삽입해서 편집하여 사용할
수 있어요.

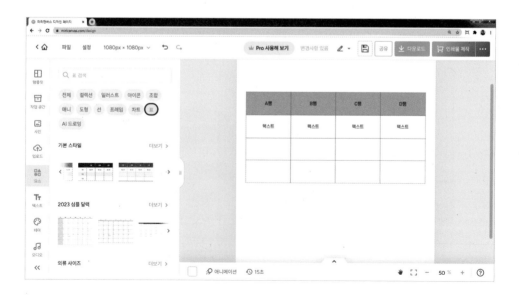

2.6 텍스트 – 가독성을 살려주는 디자인 만들기

디자인은 타이포그래피에 따라 디자인의 스타일이 달라지기에 텍스트 디자인은 참 중요해요. 미리캔버스에서 제공되는 텍스트로 어떻게 가독성을 살리고 활용하는지에 대해 알려드릴게요.

왼쪽 **텍스트 메뉴**로 가면 텍스트를 꾸밀 수 있는 **스타일, 폰트, 특수문자**가 있어요.

기본 스타일: 왼쪽 텍스트 메뉴에서 [기본 스타일]의 제목 텍스트 추가, 부제목 텍스트 추가, 본문 텍스트 추가 중 원하는 크기의 텍스트를 누르면 작업 페이지에 텍스트가 다음처럼 추가됩니다.

텍스트를 수정하려면 텍스트를 더블 클릭한 후 글자를 변경해 주세요. 왼쪽에 텍스트의 폰트, 사이즈, 색상, 효과를 조정할 수 있는 메뉴가 나타나요.

- **폰트**: 폰트를 클릭하고 오른쪽의 필터 아이콘을 클릭하면 폰트의 스타일, 용도, 키워드, 지원 언어 등을 선택하여 폰트를 필터링 할 수 있어요. 또한 폰트 왼쪽에 있는 별 모양 아이콘을 클릭하면 즐겨찾기에 추가할 수 있어요.

- **크기/색상/정렬**: 텍스트의 옵션을 설정할 수 있어요. 텍스트의 사이즈, 굵기, 기울기, 밑줄, 텍스트 서식 (취소선, 위 첨자, 아래 첨자, 대문자 전환, 서식 지우기), 정렬, 투명도, 글자색, 배경색 등을 적용할 수 있어요.

- **글자 조정/외곽선/그림자**: [글자 조정]으로 자간, 행간, 장평 등 사이즈를 조절할 수 있고, 외곽선과 그림자로 텍스트에 가독성과 입체감을 줄 수 있어요.

■ **그라데이션**: 텍스트에 그라데이션 효과를 줄 수 있어요. 글자색 색상 박스를 클릭한 다음 [그라데이션] 탭을 선택하면 그라데이션 색상 팔레트를 사용할 수 있고, 페인트 통을 클릭해 직접 색상을 변경해서 만들 수도 있어요. 방향을 조절하면 두 색의 위치가 변동되며 그라데이션 효과를 나타냅니다.

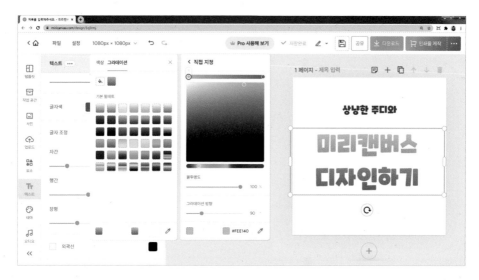

■ **곡선**: 곡선을 클릭하면 텍스트가 곡선 형태로 적용돼요. A 아이콘 박스를 누르면 안쪽 쓰기(⬥), 바깥 쪽 쓰기(⬥)를 설정할 수 있어요.

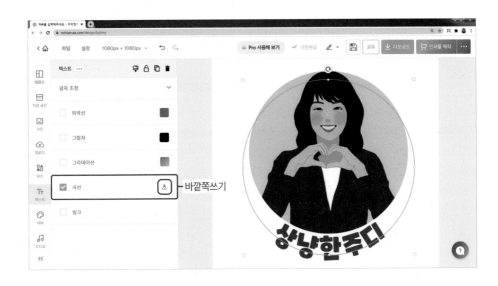

스타일: 스타일은 텍스트 추가뿐 아니라 텍스트와 요소를 조합한 스타일도 제공해요. 자막 바, 효과음/감정 표현, 정보/타이틀, 자막, 레이아웃 프리셋 등 미리캔버스 디자이너가 만든 스타일로 디자인할 수 있어요.

다만 스타일은 텍스트와 요소를 조합해서 그룹화한 것이기 때문에 편집할 때는 그룹을 해제한 후 편집해야 해요.

폰트: 텍스트의 폰트 탭을 클릭하면 저작권 안심글꼴, 텍스쳐 폰트 by 디자인210, 고딕 스타일, 명조 스타일, 손글씨 스타일 등 모든 폰트들이 미리보기식으로 디자인되어 있어요.

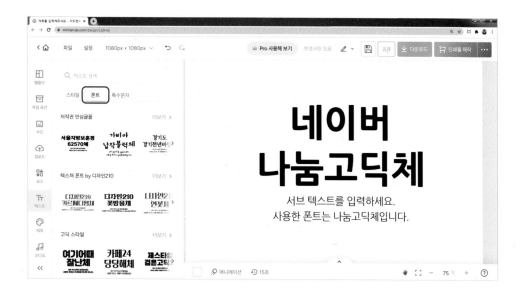

특수문자: 도형/기호, 화살표, 수학기호, 숫자, 원문자, 단위, 화폐 기호, 문장부호, 괘선, 점자뿐 아니라 일본어와 그리스 문자도 입력할 수 있어요.

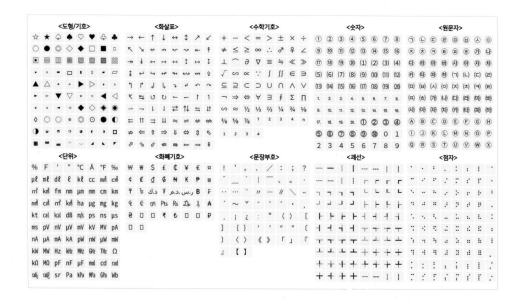

2.7) 테마 – 색 감각이 떨어진다면

디자인할 때 색 감각이 떨어져 자신이 없다면 미리캔버스의 테마를 사용해 보세요. 테마 색상을 선택하면 배경색과 글자색이 서로 어울리는 색으로 바뀌고, 몇 번의 클릭으로 여러 가지 색상으로 바꿀 수 있어요.

> 왼쪽의 **테마 메뉴**에 가면 추천 테마 색이 있고, 여러 가지 테마 색상이 나와요. 추천 테마 색은 **현재 색상**에서 가장 잘 어울릴 것 같은 색상을 **추천**해주며, **테마 색**을 한 번씩 더 누르면(**셔플**) 같은 **테마 색**이라도 색상이 조금씩 바뀌어 더 많은 색감 변경을 할 수 있어요.

❶ 현재 색상: 현재 테마에 적용된 색을 의미합니다. 처음에는 기존 템플릿에 있는 색상이 현재 색상으로 보이고, 테마 색상을 선택하거나, 셔플 버튼을 클릭해 색을 변경하면 변경한 색상이 현재 색상으로 보입니다. 현재 색상 옆의 [초기화]를 클릭하면 기존 템플릿에 적용돼 있던 색상으로 되돌아갑니다.

❷ 추천 테마색: 추천 테마색은 템플릿에 어울리는 색상으로 미리캔버스에서 추천하는 색상입니다.

❸ 테마 색상: 미리캔버스에서 제공하는 테마 색상으로 [셔플] 버튼을 클릭하면 더 많은 색상이 섞여 더 다양한 테마 색상을 만들 수 있어요.

❹ 셔플: [셔플]은 섞어서 바꾼다는 뜻으로 테마에 없는 색상으로도 변경할 수 있어요. 색상 선택이 어려울 때 테마 색상을 클릭하여 다양한 색상을 적용해 보고 디자인에 어울리는 색상으로 골라보세요.

❺ 색상을 선택 후 한 번 더 색상 위에 마우스를 대면 [셔플]이라고 나오는데, 셔플을 클릭할 때마다 그 안에 있는 색상이 돌아가면서 변경돼요.

테마색 검색을 클릭한 다음 ❻ 색상으로 검색할 수 있습니다. 색상을 선택하면 비슷한 계열의 테마색 추천이 나옵니다. 또한 색상을 직접 입력해 검색할 수도 있습니다.

테마색 검색을 클릭한 후 ❼ 타입으로 검색할 수 있습니다. 타입을 선택하면 비슷한 타입의 테마색 추천이 나옵니다.

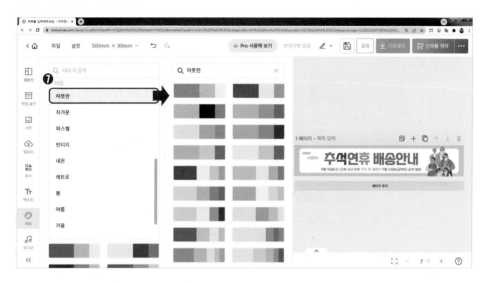

※ 색상 조합 사이트 사용법이 궁금하다면 225쪽(컬러 조합 사이트 활용하기) 참고

2.8 오디오 – 미리듣기로 선택하고 편집하기

미리캔버스에서 제공하는 오디오에서는 배경음과 효과음의 미리듣기를 할 수 있고, 선택 후 속성 페이지에서 간단히 편집하고 삭제할 수 있어요.

오디오

왼쪽 [오디오] 메뉴를 클릭한 후 목록에서 원하는 오디오의 썸네일을 클릭하면 배경 음악을 미리 들을 수 있어요. 제목을 클릭하면 디자인에 배경 음악이 추가됩니다.

목록에서 오디오를 선택하거나, 에디터 아래쪽에 있는 오디오 버튼을 클릭하면 속성 페이지를 확인할 수 있어요. 속성 페이지에서는 재생 구간과 오디오 볼륨 조절을 할 수 있고, 적용된 오디오를 삭제할 수 있어요.

2.9 │ 동영상 - 삽입하고 편집하기

미리캔버스에서 제공하는 동영상과 내가 가지고 있는 동영상을 업로드해서 사용할 수 있으며, 유튜브 링크를 불러와 사용할 수도 있어요. 동영상을 불러와 간단한 편집을 할 수 있고, 프레젠테이션 혹은 다른 템플릿 디자인에 넣어 사용할 수 있어요.

동영상

왼쪽 [동영상] 메뉴를 클릭한 후 원하는 동영상을 선택하세요.

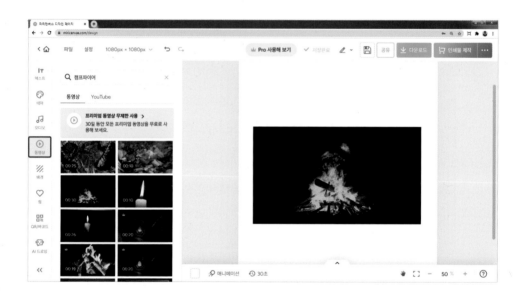

동영상을 아래처럼 템플릿 디자인에 삽입할 수 있고, 동영상을 클릭하여 불투명도 조절, 재생 구간, 재생 속도, 볼륨 등을 편집할 수 있어요.

유튜브

미리캔버스 디자인에 유튜브 동영상을 불러올 수도 있어요. [동영상] 옆의 [YouTube] 탭을
누른 다음 URL 칸에 유튜브 주소를 넣고 [만들기] 버튼을 클릭하면 유튜브 영상을 불러올
수 있어요.

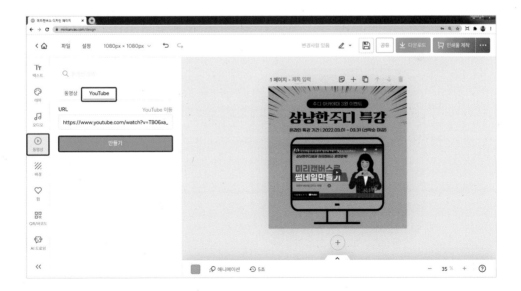

2.10 | 배경 – 세련된 배경 선택하고 만들기

디자인할 때 배경색에 따라 전체적인 분위기와 스타일이 달라질 수 있어요. 그만큼 배경은 디자인에서 큰 비중을 차지해요. 미리캔버스에는 단색 배경뿐 아니라 세련된 사진과 패턴으로도 직접 배경을 꾸밀 수 있어요. 미리캔버스 배경 사용법을 배워볼게요.

왼쪽 [배경] 메뉴를 클릭하면 사진 배경이 나와요. 주제별 사진이 나오고, [더보기 >] 버튼을 누르면 그 주제에 대한 사진 배경이 더 많이 나와요. 사용하고 싶은 주제로 들어가서 사진 배경을 골라도 되고, 단어를 검색해서 원하는 배경을 골라도 돼요.

개인적으로 배경은 디자인을 뒷받침해주는 요소이므로 너무 튀거나 강한 색보다 자연스럽게 콘텐츠를 받쳐주는 배경이 세련돼 보이는 것 같아요.

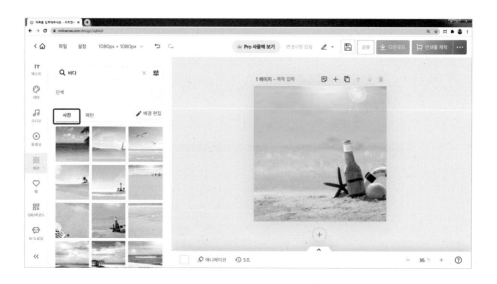

배경편집: 배경을 편집할 수 있어요. 배경에 여러 가지 필터를 적용하여 배경색을 바꿀 수 있어요. 또한 직접 조정을 통해 더 다양한 효과를 낼 수도 있어요.

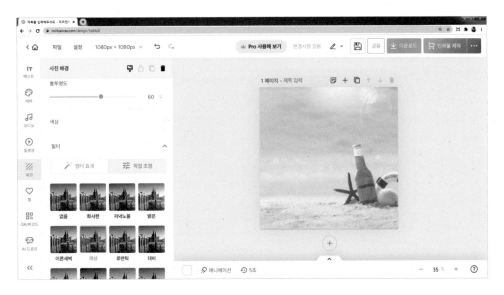

패턴: 배경을 사진뿐 아니라 패턴으로도 설정할 수 있어요. 원하는 패턴을 검색할 수도 있고, 미리캔버스에서 주제별로 모아놓은 곳에 가서 [더보기 >]를 눌러 골라도 돼요. 그리고 패턴 편집도 가능해요. 우선 패턴 하나를 선택해 볼게요.

구름 패턴을 선택하고 [배경 편집] 버튼을 클릭하세요. 그러면 왼쪽에 패턴 배경의 설정이 나올 거예요. 여기서 불투명도와 패턴의 색상, 크기 등을 수정할 수 있어요. 색상을 핑크로 바꾸고, 패턴 크기를 200%로 했더니 아래처럼 패턴이 편집되었어요.

2.11 | 찜 – 자주 찾는 콘텐츠 찜하기

미리캔버스에서는 자주 찾는 템플릿, 요소, 동영상, 오디오, 사진, 배경 등을 찜해서 사용할 수 있어요. 왼쪽 메뉴의 찜 버튼을 누르면 찜 해놓은 콘텐츠를 볼 수 있어요.

찜 추가하기

왼쪽 메뉴의 템플릿, 요소, 동영상, 오디오, 사진, 배경 중에서 찜에 추가하고자 하는 콘텐츠에 마우스를 가져갑니다. 오른쪽 아래에 있는 삼점 아이콘을 클릭한 다음 [찜 추가]를 클릭하면 찜 목록에 추가됩니다.

2.12 | QR/바코드 만들기

미리캔버스에서는 쉽고 간편하게 QR 코드 혹은 바코드를 만들어 넣을 수 있어요. 템플릿을 이용한 디자인에 바로 QR 코드 혹은 바코드를 넣을 수 있어서 유용해요.

QR 만들기

왼쪽의 QR/바코드 메뉴를 클릭한 후 QR 코드를 클릭하면 QR 코드를 만들 수 있어요

QR 코드를 찍었을 때 들어갈 URL만 입력하면 돼요. 미리캔버스 템플릿을 활용해 디자인한 후 QR 코드를 만들어 사용해 보세요.

바코드 만들기

왼쪽 QR/바코드 메뉴를 클릭한 후 바코드를 클릭하세요.

바코드는 EAN−13과 EAN−8(단축형) 두 가지 중 하나를 선택하고, 데이터를 입력해야 해요. EAN−13은 12자리 숫자를, EAN−8(단축형)은 7자리 숫자를 입력한 후 [만들기] 버튼을 클릭하여 만들 수 있어요.

2.13 | AI 드로잉 − 스타일로 여러 종류의 그림 그리기

미리캔버스에서 새로 추가된 AI 드로잉 메뉴에서는 원하는 키워드에 맞춰 이미지를 생성할 수 있어요. 단, AI 드로잉은 유료 요금제에서만 사용할 수 있습니다.

AI 드로잉 사용하기

왼쪽 AI 드로잉 메뉴를 클릭하세요. Step 1. 무엇을 그리고 싶은가요? 아래 원하는 그림에 대한 설명을 적어주세요. 자세하게 작성할수록 원하는 이미지에 가깝게 만들 수 있어요. 저는 "숲속에 있는 갈색 아기 고양이"라고 적었어요.

Setp 2. 어떤 스타일로 만들어볼까요?에서 클레이, 로우폴리, 펠트, 유화, 수채화, 만화, 일러스트, 몽환적인, 네온 스타일 중 원하는 스타일을 클릭해 주세요. 저는 "클레이"를 선택했어요.

마지막으로 [이미지 그리기] 버튼을 클릭하면 "상상을 현실로 만드는 중..."이라는 로딩 화면이 나오고, 잠시 후 AI가 그린 네 가지 그림이 나와요.

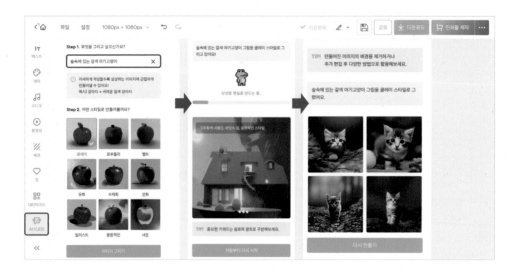

그중 마음에 드는 이미지가 있다면 클릭해서 사용하고, [다시 만들기] 버튼을 클릭하면 다른 종류의 그림이 나와요. 처음부터 다시 내용을 설정하려면 [처음부터 다시 시작]을 클릭하면 됩니다.

AI 드로잉으로 만든 그림

03장

N잡러도 한다!
미리캔버스 템플릿
활용하기

이번 시간에는 미리캔버스 템플릿을 활용해 강의안 프레젠테이션 만드는 방법을 알려드릴게요.

3.1 강사도 한다! 프레젠테이션 만들기

강의의 몰입도를 높이기 위해 강사들에게 꼭 필요한 것이 바로 프레젠테이션입니다. 프레젠테이션은 주로 파워포인트에서 작업하지만, 미리캔버스를 이용하면 다양한 템플릿을 활용해 간편하게 만들 수 있답니다. 또한, 미리캔버스에서는 파워포인트 프로그램을 설치하지 않고 온라인상에서 바로 다양한 강의안을 만들고, 슬라이드 쇼

동영상 강의

https://youtu.be/XC0dBdYk1W4

를 이용해 발표할 수 있어요. 전문 디자이너들이 만들어놓은 다양한 프레젠테이션 템플릿을 이용하여 멋진 강의안을 만들어보세요.

프레젠테이션이란?

프레젠테이션이란 시청각 자료를 활용한 발표로, 회사 혹은 학교에서 발표안을 만들어 발표하는 활동을 말합니다. 주로 PPT(파워포인트) 프로그램을 이용하여 만들며, 요즘은 수업 자료 혹은 강의 자료로 만들어 발표하기도 합니다.

미리캔버스 템플릿으로 강의안 만들기

지금부터 미리캔버스에서 제공하는 템플릿을 활용해 다음과 같이 강의안을 만들어 보겠습니다.

1 미리캔버스에 로그인하면 워크스페이스의 [작업 공간]으로 이동합니다. 만약 자동 로그인이 되어서 메인페이지가 나오면 ❶[프로필 사진]을 클릭한 다음 ❷[워크스페이스]를 클릭합니다.

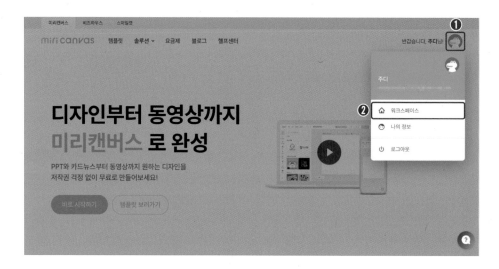

2 워크스페이스 오른쪽 상단의 ❶[디자인 만들기]를 클릭한 후 ❷[웹용]-[프레젠테이션]을 클릭합니다.

❸ [템플릿]에서 ❶'강의자료'로 검색하고 ❷맨 위에 있는 '현대미술사' 템플릿을 클릭해주세요.

- **템플릿 이름:** 청록색 미술사 프레젠테이션 By hsno

- **템플릿 주소:** https://url.kr/bz7j4n

- **완성 페이지 주소:** https://www.miricanvas.com/v/1mr69q

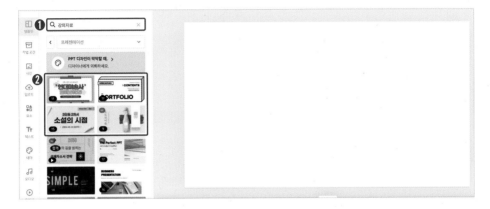

❹ '현대미술사' 템플릿을 클릭하면 11개의 템플릿이 왼쪽에 미리보기로 표시됩니다. 템플릿 전체를 불러오기 위해서는 꼭 ❶[이 템플릿으로 덮어쓰기] 클릭해야 해요. 그렇지 않으면 선택한 페이지만 작업 페이지에 불러오게 됩니다.

작업 페이지 아래쪽에는 프리젠테이션 슬라이드 미리보기가 나오며, 슬라이드의 번호를 누르면 해당 페이지가 나옵니다.

⑤ ❶1페이지의 '현대미술사' 텍스트를 더블 클릭한 후 '미리캔버스'(강의명)로 변경해주세요. ❷'알아보아요!' 텍스트도 더블 클릭한 후 '쉽게 활용하기'로 변경해주세요. ❸상단의 '2학기 중간고사 대비수업'이라는 텍스트도 더블 클릭한 후 '상냥한 주디와'(강사명)로 변경해 주세요. ❹맨 아래 필요 없는 요소와 텍스트는 클릭한 후 키보드의 [DELETE] 키로 삭제해주세요.

⑥ 두 번째 '오늘 배워볼 주제는?' 페이지는 사용하지 않을 예정이라서 삭제하겠습니다. 하단의 슬라이드에서 삭제할 페이지의 ❶슬라이드를 선택하고 ❷삼점 버튼을 클릭한 다음 ❸[페이지 삭제]를 클릭하면 됩니다.

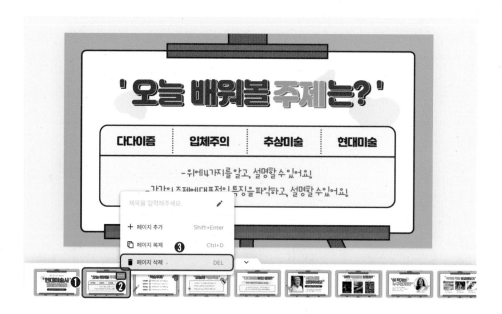

7 2페이지가 될 그다음 페이지는 다음과 같이 바꿔보겠습니다.

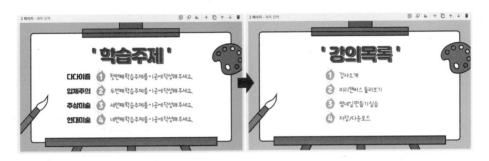

❶'학습주제'라는 텍스트는 '강의목록'으로 변경해주세요. ❷왼쪽의 '다다이즘'~'현대미술'의 텍스트는 클릭하여 삭제해주세요. ❸'1' 옆의 텍스트를 더블 클릭하면 민트색 네모 영역이 2개가 선택될 거예요. 이렇게 보인다면 요소 혹은 텍스트가 그룹으로 묶여 있다는 뜻이에요. ❹작업 페이지 왼쪽 상단을 보면 그룹으로 묶여 있음을 나타내는 아이콘(🔳)이 있습니다. 이 아이콘을 클릭해 그룹을 해제한 후 각 텍스트를 수정합니다.

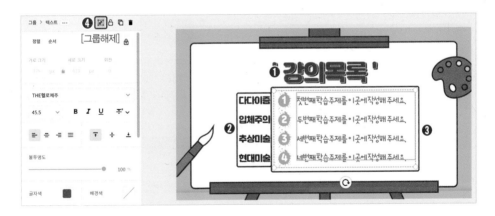

8 그룹 해제 후 '1' 옆의 텍스트를 더블 클릭하여 '강사소개', '미리캔버스 둘러보기', '썸네일 만들기 실습', '저장/다운로드'로 텍스트를 변경합니다. 자신의 강의 내용으로 변경해서 사용하면 돼요. 행간이 너무 가까울 때는 엔터키로 줄 간격을 띄어 주거나 글자 조정의 행간에서 크기를 조정하면 줄 간격을 맞출 수 있어요.

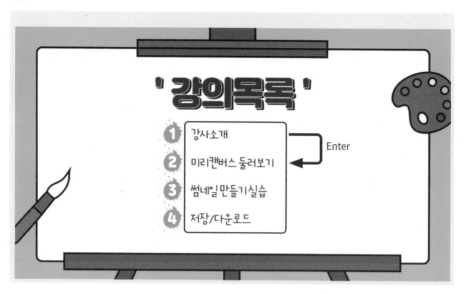

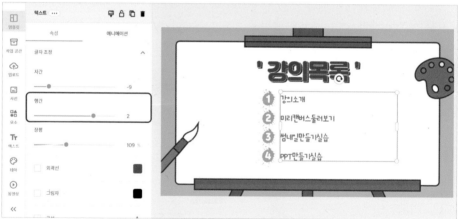

9 3페이지는 다음과 같이 바꿔 볼게요.

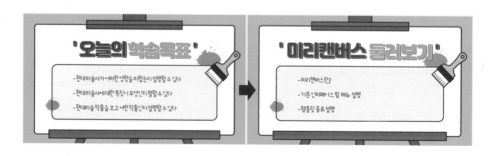

'오늘의 학습목표'라는 텍스트는 '미리캔버스 둘러보기'로 변경해주세요. 변경할 텍스트의 글자 수가 많을 경우 글자가 넘쳐서 다음 줄로 내려가는 경우가 있는데, 이럴 때는 민트색 네모에 마우스 커서를 대고 화살표가 나오면 늘리고 싶은 쪽으로 네모 영역을 늘려주세요. 만약 미리캔버스와 둘러보기 부분의 글자가 겹치면 마우스로 위치를 조정해 주세요.

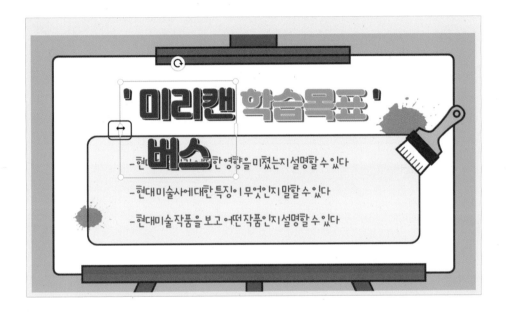

가운데 글 상자의 회색 글씨를 더블 클릭하여 내용을 다음 항목으로 변경해주세요.

- 미리캔버스란?
- 기본 인터페이스 및 메뉴 설명
- 템플릿 종류 설명

각자 자신의 강의안에 맞는 내용으로 수정해서 사용하면 됩니다.

10 4페이지는 지금까지 작업한 3페이지 템플릿에 텍스트만 수정해서 사용하려고 합니다. 이때는 페이지를 복제해서 작업할 수 있어요. 하단의 ❶슬라이드를 선택한 다음 ❷삼점 버튼을 클릭하고, ❸[페이지 복제]를 선택해 주세요.

⓫ 페이지를 복제하면 4페이지도 3페이지와 같은 디자인의 페이지가 나옵니다. ❶'미리캔버스 둘러보기' 텍스트를 '블로그 썸네일 만들기'로 변경하고, ❷회색 텍스트를 다음과 같이 변경해주세요.

- 사이즈: 960px × 960px

- 템플릿 검색 활용 방법

- 텍스트 수정/요소 사용/색상 팔레트 활용 방법

⓬ 그다음 5페이지도 앞에서 작업한 3페이지나 4페이지를 복제해서 사용하겠습니다. 4페이지의 '블로그 썸네일 만들기'를 한 번 더 복제한 후 내용을 다음처럼 수정해주세요.

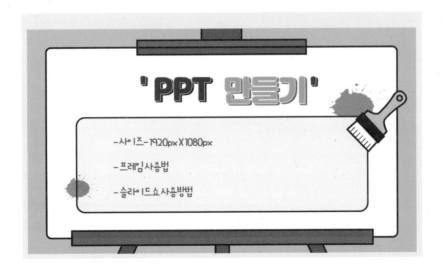

13 6, 7, 8페이지는 여기서는 사용하지 않을 것이므로 슬라이드에서 삭제할 페이지를 선택한 다음 삼점 버튼을 클릭하고, [페이지 삭제]를 선택해 주세요.

14 3개의 페이지를 삭제하고 나면 6페이지에 다음 그림의 왼쪽과 같은 페이지가 나와요. 이를 다음과 같이 바꿔 볼게요.

❶'이 작가는 누구인가요?' 텍스트를 더블 클릭한 후 '상냥한주디는 누구인가요?'로 변경해주세요. **❷**회색 텍스트는 '네이버 IT 인플루언서', '카카오 브런치 작가', '웹디자이너', '미리캔버스를 활용한 SNS 디자인, 이모티콘 강의 중인 N잡러'로 변경해 주세요. **❸**동그라미 안 이미지를 클릭한 후 키보드의 [DELETE] 키를 눌러 삭제해 주세요. 이미지를 삭제하고 나면 동그라미가 남는데, 그것은 요소 중 [프레임]이에요. [프레임]은 이미지와

요소를 액자 크기에 맞게 넣을 수 있는 기능을 해요. 사용자가 직접 업로드한 이미지도 [프레임] 안에 넣을 수 있어요.

15 작업 페이지 ①왼쪽 메뉴 중 [업로드]를 클릭하고 ②[업로드] 버튼을 클릭해서 본인 PC에 있는 이미지를 더블 클릭하면 미리캔버스 클라우드에 이미지가 들어옵니다

③미리캔버스 클라우드에 들어온 이미지를 클릭하면 작업하고 있는 페이지에 이미지가 들어갑니다. 이미지를 동그란 프레임 안으로 드래그하여 넣어주세요. ④동그라미 아래 '김남준'이라는 텍스트를 '상냥한주디'(본인 이름)로 변경해주세요. 필요 없는 글자는 삭제하고, 이름의 배열을 맞춰주세요.

TIP 프레임 사용 팁

프레임에 들어간 이미지의 크기가 마음에 들지 않을 때는 프레임 안 이미지를 더블 클릭하세요. 그러면 이미지 테두리가 민트색으로 나오는데, 모서리에 마우스를 가져가면 화살표가 나와요. 이때 이미지를 늘리거나 줄이면서 알맞은 사이즈로 만든 후 아래 체크 기호(이미지 영역 적용하기)를 클릭해서 마음에 드는 크기의 이미지를 만드세요.

16 현재 상태에서 7, 8페이지는 사용하지 않을 것이므로 앞서 **13**에서 살펴본 방법으로 삭제해주세요.

17 마지막으로 ❶'미리중 여러분 시험 화이팅!'이라는 텍스트를 더블 클릭해 '수강해 주셔서 감사합니다.'로 변경해주세요. ❷작은 네모 안에 있는 글씨도 '다음에 더 좋은 강의로 만나요!'로 변경해주세요.

18 다시 6페이지로 돌아가 '상냥한주디는 누구인가요?' 페이지를 '강의 목록'(2페이지) 바로 다음 페이지인 3페이지가 되게 순서를 바꿀 거예요. 하단 슬라이드에서 6페이지를 드래그한 다음 2페이지와 3페이지 사이에서 드롭해 주세요.

6페이지를 클릭 후 끌어서 2, 3페이지 사이로 이동

지금까지 총 7페이지의 프레젠테이션을 만들었습니다. 이 방법대로 본인의 강의안에 맞게 변경하여 활용해 보세요.

19 이제 프레젠테이션 저장 방법을 알려드릴게요. ❶작업 페이지 상단에 '제목을 입력해주세요.'라고 써 있는 칸에 파일명을 '미리캔버스강의안'으로 변경한 후 [저장하기] 아이콘(🖫)을 클릭해 주세요. ❷[다운로드] 버튼을 클릭해주세요. ❸[웹용]-[PPT]를 선택한 후 PPT 옵션 중 [개별 요소 이미지화(권장)]-[모든 페이지]를 선택하세요. ❹[다운로드] 버튼을 클릭해주세요.

[개별 요소 이미지화(권장)]으로 내려받았을 때 파워포인트에서 나오는 화면이에요. 텍스트도 이미지화 되어 텍스트를 수정할 수 없어요.

20 미리캔버스에서 만든 PPT를 내려받은 다음 파워포인트 프로그램에서 열어 강의에 활용해도 되지만, 미리캔버스에서 바로 슬라이드 쇼를 할 수도 있어요.

작업 화면 왼쪽 상단의 [파일]-[슬라이드 쇼]를 클릭하면 PPT 파일을 바로 슬라이드 쇼로 프레젠테이션 할 수 있어요. 또한 오른쪽 [슬라이드 쇼] 버튼을 클릭하면 바로 슬라이드 쇼를 할 수 있어요.

저는 미리캔버스 템플릿을 활용하여 여러 개의 강의안을 만들어 사용하고 있어요. 주로 제가 강의할 강의안의 키워드로 검색하여 템플릿을 찾아보기도 하며, 마음에 드는 몇 가지 템플릿을 섞어서 강의안을 만들기도 해요. 여러분도 미리캔버스로 쉽고 빠르게 예쁜 강의안을 만들어 사용해보세요.

미리캔버스 프리젠테이션 템플릿은 강의안뿐만 아니라 제안서/소개서/비즈니스 프레젠테이션, 과제/발표, 수업 프레젠테이션, 일러스트/그래픽, 사진 프레젠테이션, 차트/표 프레젠테이션, 포트폴리오 프레젠테이션 등 다양한 템플릿이 있으니 활용해보세요.

3.2 | 유튜버도 한다! 채널 아트 만들기

1인 크리에이터 시대로 변화하면서 부업으로 혹은 N잡으로 직접 유튜브를 운영하고 싶어 하는 분이 많습니다. 유튜브 채널 아트는 예비 구독자들이 내 유튜브 채널에 들어왔을 때 처음 보게 되는 화면입니다. 내가 만든 콘텐츠의 성격을 알리면서 예비 구독자들의 시선을 끌 수 있는 이미지로, 유튜브 채널 아트를 만들고 내 채널에 적용하는 방법과

동영상 강의

https://youtu.be/sBkff6e4Nlo

N잡러들이 유튜브 채널 아트로 어떻게 브랜딩하는지 알아보겠습니다.

유튜브 채널 아트란?

유튜브 채널 아트란 사람들이 내 채널에 들어왔을 때 가장 상단에 보이는 이미지입니다. 유튜브 채널의 대문 역할을 하는 채널 커버라고 할 수 있습니다.

유튜브 채널 아트 사이즈

유튜브 채널 아트는 유튜브에서 정해준 배너 크기가 있어요. 사이즈는 2,560px×1,440px로 다음과 같이 미리캔버스에서 TV나 데스크톱, 모든 기기에 표시 가능한 이미지 옵션을 제공합니다. 다음 그림의 가운데 [모든 기기에 표시 가능]에서 작업하면 태블릿과 모바일

에서 보이는 이미지를 만들 수 있으며, 여기서는 이 크기에 집중해서 디자인해 보겠습니다.

유튜브 채널 아트 만들기

전문 디자이너가 만든 미리캔버스 템플릿을 활용하여 유튜브 채널 아트를 만들어 보아요.

1 미리캔버스에 로그인하면 워크스페이스의 [작업 공간]으로 이동합니다. 만약 자동 로그인이 되어서 메인페이지가 나오면 ❶[프로필 사진]을 클릭한 다음 ❷[워크스페이스]를 클릭합니다.

② **①**[워크스페이스] 오른쪽 상단의 [디자인 만들기]를 클릭한 후 **②**[웹용]-[유튜브]-[채널 아트]를 클릭합니다.

③ [템플릿]에서 **①**'아이돌채널아트'로 검색하고 '우주대스타' 템플릿을 클릭했을 때 나오는 템플릿 중 두 번째 **②**'춘배야 계좌불러!' 템플릿을 클릭해주세요.

- **템플릿 이름**: 아이돌 채널아트 유튜브/팟빵 채널아트 By 콜커
- **템플릿 주소**: https://url.kr/4zhd8e
- **완성 페이지 주소**: https://www.miricanvas.com/v/1jg4vx

4 '춘배야 계좌불러!' 텍스트를 더블 클릭한 후 '디지털설명서'(자신의 채널 이름)로 변경해 주세요. 상단의 '꽃길만걸어김춘배'라는 텍스트도 더블 클릭한 후 '디지털설명서'(자신의 채널 이름)로 변경해주세요. 그 밖의 텍스트도 필요한 문구로 변경해주세요.

5 사진을 클릭한 후 키보드의 [DELETE] 키를 눌러 필요 없는 사진은 삭제합니다.

6 왼쪽의 ❶[업로드] 메뉴에서 ❷[업로드] 버튼을 클릭한 후 이미지를 업로드해주세요. ❸업로드한 이미지를 클릭해주세요.

7 업로드한 이미지 크기를 알맞게 조절하고 왼쪽에 이미지를 넣어주세요. 채널 이름 텍스트가 정중앙에 올 수 있게 배치해 균형감을 잃지 않도록 해주세요.

8 '디지털설명서' 아래 작은 텍스트 뒤 핑크색 도형을 클릭한 후 '디지털설명서' 위로 올리고 크기를 줄인 후 색상에서 스포이드로 그림의 빨간색 가디건을 찍어 도형의 색상을 변경해 주세요. 이미지와 같은 색으로 통일감을 줄 수 있어요.

9 도형 위에 쓰고 싶은 **❶**[텍스트](상냥한 주디의)를 넣고 마음에 드는 **❷**폰트와 색상으로 변경해주세요.

10 가운데 가로로 길게 들어간 흰색 사각형의 색상을 변경하겠습니다. 사각형을 클릭한 후 왼쪽 메뉴에서 색상부분을 클릭하고, 색상 팔레트에서 연핑크 색상을 선택해주세요.

11 왼쪽 메뉴 중 **❶**[요소]에서 **❷**일러스트를 클릭하고 **❸**'하트패턴'으로 검색한 후 마음에 드는 **❹**이미지를 클릭하여 크기와 모양을 적당히 조정하여 꾸며주세요.

12 마지막으로 텍스트의 크기와 위치를 가이드선 안쪽으로 보기 좋게 조정해주세요.

상단 [설정] 메뉴에서 [가이드선] - [가이드선 보기]를 클릭해 초록색으로 활성화해 주세요. 그럼 민트색 가이드 선이 나오는데, 가운데 안쪽이 모든 기기에 표시할 수 있는 영역이므로 해당 가이드선 밖으로 중요한 텍스트가 넘어가지 않도록 주의해 주세요.

⑬ 채널 아트가 완성되었습니다. 이번에도 지금까지 만든 이미지를 저장한 후 내려받아 보겠습니다. 작업 페이지 상단에 '제목을 입력해주세요.'라고 써 있는 칸에 파일명을 '상냥한주디채널아트'로 변경한 후 [저장하기] 아이콘(💾)을 클릭해 주세요. 화면 오른쪽 상단의 ❶[다운로드] 버튼을 선택한 후 ❷[웹용]의 ❸[PNG]를 선택하고 ❹[고해상도 다운로드]를 클릭합니다.

유튜브 채널 아트 적용하기

지금까지 만든 유튜브 채널 아트를 유튜브 채널에 어떻게 적용하는지 알아보겠습니다. 유튜브 채널을 아직 만들지 않은 분들은 유튜브 채널을 만든 후 따라오세요.

❶ 유튜브(www.youtube.com)에 접속한 다음 로그인합니다. 그다음 오른쪽 상단의 프로필 아이콘을 클릭하고 [YouTube 스튜디오]를 클릭해 유튜브 스튜디오로 들어갑니다.

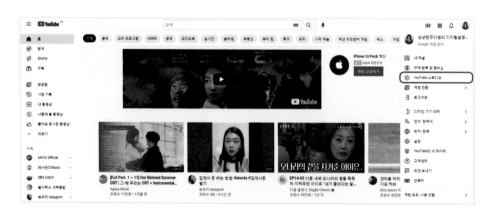

2 왼쪽 메뉴 중 ❶[맞춤설정]을 클릭하고 ❷[브랜딩] 탭의 [배너 이미지]에 있는 ❸[업로드] 버튼을 클릭한 후 채널 아트 이미지를 업로드합니다. 마지막에 ❹[게시] 버튼을 클릭해야 유튜브 채널 아트가 적용됩니다.

3 채널 아트가 제대로 적용됐는지 확인해 보겠습니다. 화면 왼쪽 상단의 [내 채널] 위 프로필 사진을 클릭합니다.

4 그러면 YouTube 채널 보기로 들어가서 유튜브 채널 아트가 삽입된 [내 채널]의 화면을 볼 수 있습니다. 상단에 채널 아트가 적용됐습니다.

N잡러의 유튜브 채널 아트

저에게 미리캔버스로 채널 아트 만드는 방법을 배운 수강생들이 자신만의 콘텐츠로 유튜브 채널 아트를 만들고 브랜딩하여 운영 중인 유튜브 채널을 소개합니다.

허필선TV

출판사 대표이면서 2권의 책을 출간한 작가이자 독서 모임, 전자책 만들기, 속독 프로그램, 글쓰기 코칭 운영자로 활동하고 있는 N잡러 허필선TV 님은 독서와 글쓰기에 관한 모든 툴 사용법을 다룬 콘텐츠로 브랜딩 중에 있습니다.

허필선tv 님은 책을 출간한 저자이기에 집필한 책을 눈에 띄게 배치했고, 채널명 텍스트의 가독성을 높이기 위해 글자에 효과를 주어 채널아트 디자인을 했습니다.

매성엄프

주부이면서 영어 선생님, 네이버 도서 인플루언서, 독서 모임 운영, 서평단 및 저자 강연을
주최하는 N잡러 매성엄프 님은 유튜브에 독서와 함께 성장하고 있는 매성엄프 님의 성장
기록으로 브랜딩하고 있습니다.

매성엄프님이 들고 있는 책의 노란색을 포인트로 잡고, 채널명의 텍스트는 가독성 좋은 폰
트로 디자인 했으며 회색을 바탕색으로 세련된 채널아트로 디자인했습니다.

골디락스

주부이면서 브런치 작가이자, 네이버 도서 인플루언서, 새벽기상 모임, 글쓰기 강의를 하고
있는 N잡러 골디락스 님은 새벽글밥으로 브랜딩하고 있습니다.

갓지은 따뜻하고 건강한 글을 배달해 드린다는 문구에 어울리게 밥그릇 이미지를 넣었으며
채널명인 새벽글밥의 폰트를 밥과 어울리는 둥글둥글한 폰트를 사용해 디자인했습니다.

TIP 3초 만에 배경 제거하는 방법 - remove.bg

유튜브 채널 아트 혹은 블로그 대문 이미지에 사진을 넣을 때 사진의 배경을 제거해서 넣어야 할 때가 있습니다. 그래픽 툴로 배경을 제거하기는 번거롭기도 하고 시간도 오래 걸립니다. 이때 remove.bg를 사용하면 3초 만에 배경을 제거할 수 있습니다.

1 remove.bg 사이트(https://www.remove.bg/ko)에 접속합니다.

2 화면 오른쪽의 [이미지 업로드] 버튼을 클릭한 후 배경을 제거할 사진을 업로드하세요.

3 업로드 후 배경이 3초 만에 제거되었다면 그대로 [다운로드]해서 사용하면 됩니다.

[HD 다운로드]는 고화질 이미지 파일을 내려받을 수 있는 옵션으로, 유료입니다. 높은 화질을 이용하지 않는 일반 사용자라면 무료 다운로드로도 충분합니다.

4 배경 제거가 덜 되었거나 불필요한 부분까지 지워졌을 때 편집하는 방법도 알아보겠습니다. 앞의 이미지를 보면 빨간 가디건 안에 흰색 티 부분이 지워졌습니다. 그 부분을 복구하는 편집을 해보겠습니다. [편집] 버튼을 클릭합니다.

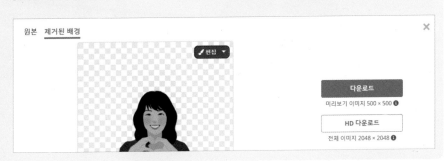

5 편집 화면으로 가면 여러 가지 배경으로 편집해서 사용할 수 있고, 배경을 업로드해서 사용할 수도 있어요. 마음에 드는 배경을 선택해서 배경을 변경해도 돼요.

하지만 저는 여기서 이미지를 복구할 것이므로 [삭제/복구]를 클릭해주세요.

6 ❶[복구]를 클릭하고 ❷[브러시 사이즈]를 조절해서 ❸복구할 부분을 브러시로 칠해주세요. 만약 반대로 배경 제거가 덜 된 부분이 있다면 [삭제]를 클릭한 후 브러시로 지우면 됩니다.

편집이 끝났다면 [다운로드] 버튼을 클릭해 내려받으면 됩니다.

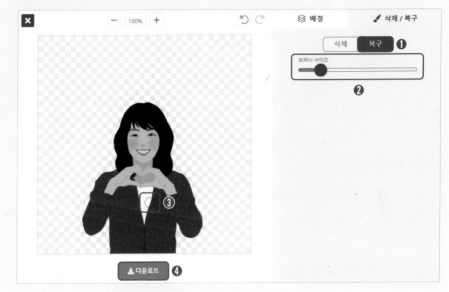

미리캔버스에는 유튜브 채널아트뿐 아니라 유튜브 썸네일도 다양한 템플릿이 준비돼 있으니 적극 활용해 보면 N잡으로 유튜버를 하는 분들께 도움될 거예요.

3.3 쇼핑몰 운영자도 한다! 상세 페이지 만들기

최근에는 오프라인으로 가게를 차리는 것보다 온라인으로 쇼핑몰을 운영하는 데 많은 분들이 관심 갖고 있습니다. 쉽게 시작할 수 있다는 장점 때문에 N잡으로도 활용되고 있어요. 쇼핑몰 운영자가 상세 페이지를 처음부터 하나하나 디자인하기란 쉽지 않습니다. 미리캔버스를 활용하면 쉽게 상세 페이지를 디자인할 수 있어요.

동영상 강의

https://youtu.be/N0PSIvyf8YU

쇼핑몰 상세 페이지란?

상품을 판매하기 위해 필요한 상품 상세 정보를 기술한 페이지로 고객이 상품을 이해하게 도와주며 상품 구매를 유도하기 위해 만드는 페이지를 말합니다.

잘 팔리는 쇼핑몰 상세 페이지를 만들려면?

상세 페이지는 고객이 관심을 가지고 사이트에 들어왔을 때 짧은 시간 안에 고객을 그 페이지에 머무를 수 있게 붙잡고 관심을 갖고 살펴보게 해주는 중요한 역할을 하며, 그에 따라 매출 전환에 직접적인 영향을 주므로 잘 팔리는 상세 페이지를 제작하는 것은 매우 중요합니다.

그럼 잘 팔리는 상세 페이지를 만들려면 어떻게 해야 할까요?

1. **설득할 수 있는 페이지를 만들어요**: 이미지와 글을 적절히 섞어가며 다른 상품과 차별화하고, 그 상품을 사야만 하는 이유 등을 표현하여 고객을 '설득'할 수 있는 상세 페이지가 잘 팔리는 상세 페이지입니다.

2. **고객의 입장에서 생각하고 만들어요**: 온라인은 직접 보고 사는 상품이 아니기에, 상세 페이지에서 고객이 원하고 보고 싶어 하고 궁금해하는 부분을 알려줘야 해요. 고객이 이 상품을 사면서 기대하는 부분이 무엇일까를 생각해보며 고객의 입장에서 상세 페이지를 제작해야 해요.

3. **모바일에 최적화해요**: 요즘은 PC보다 모바일 사용량이 훨씬 많아져 모바일에 최적화된 상세 페이지를 만들어야 해요. 스마트폰에서 호환되지 않는 기술은 쓰지 않고, 폰트 크기, 사진 크기 등도 모바일을 고려해 용량 등을 최적화해서 페이지가 빠르게 뜨게 만들어야 해요.

쇼핑몰 상세 페이지를 만들기 위한 준비 과정 5가지

개인적으로 쇼핑몰 상세 페이지를 만들 때 어떤 준비 과정을 거치는지 이야기해 드릴게요. 상품의 상세 페이지는 그 상품의 설명서나 마찬가지이기 때문에 상품에 대해 잘 알아야 잘 팔리는 상세 페이지를 만들 수 있다고 생각해요. 그럼 준비 과정을 살펴볼까요?

타깃 정하고 콘셉트 잡기 (벤치마킹)

우선 상품을 팔 타깃을 정하고 콘셉트 잡기를 할게요. 타깃층을 정해야 콘셉트를 어떻게 잡을지, 컬러는 어떤 색을 메인 색으로 잡을지 정하기 쉬워요.

가장 쉬운 방법은 지금 잘 팔리는 비슷한 상품을 벤치마킹하는 거예요. 그 상품이 왜 잘 팔리는지, 페이지 구성은 어떻게 했는지 벤치마킹하고, 그 상품의 상품평을 통해 고객이 어떤 점에 만족해하는지, 어떤 점이 불만족스러운지 검토한 후 좋은 점은 더 부각시키고, 불만족스러운 점은 어떤 식으로 보완할지 기획하고 콘셉트를 잡아야 해요.

벤치마킹하는 방법

저는 주로 네이버 스마트스토어에서 잘 팔리는 상품 페이지를 벤치마킹하거나 와디즈 사이트(https://www.wadiz.kr/web/main)의 상세 페이지가 설득력 있게 잘 만든 것 같아 참고하고 있어요. 미리캔버스 상세 페이지에는 '와디즈' 전용 페이지도 템플릿으로 나와 있으니 와디즈 펀딩 상세 페이지가 필요하다면 '와디즈'로 검색한 후 필요한 템플릿을 활용하면 좋아요.

여기서는 네이버 스마트스토어에서 잘 팔리는 상품 페이지를 벤치마킹하는 방법을 알려드릴게요.

1 네이버 쇼핑으로 들어가 상세 페이지를 만들고자 하는 상품의 키워드로 검색해요. 저는 이번에 작업할 쭈꾸미로 검색해볼게요. 쭈꾸미로 검색하면 여러 종류의 쇼핑몰에서 파는 상품이 나와요. 리스트 위쪽에 필터가 있는데, 이곳에서 네이버 랭킹순/낮은 가격순/높은 가격순/등록일순/리뷰 많은순/리뷰 좋은순으로 검색할 수 있어요.

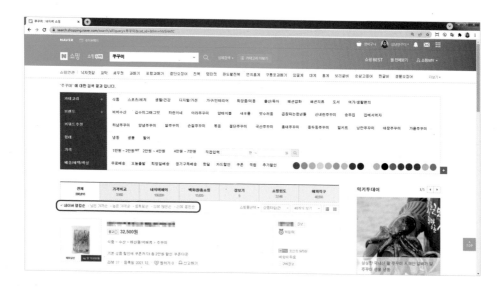

기본값은 '네이버 랭킹순'이지만, 첫 번째부터 랭킹순은 아니에요. [광고]라고 붙은 것은 돈을 주고 광고한 상품이에요. 그러니 [광고]라고 쓰여 있는 상품은 제외하고 봐도 되고 [광고] 상품이 판매가 많이 되었다면 그 페이지를 참고해도 돼요.

2 랭킹순으로 잘 팔리는 상세 페이지를 벤치마킹해도 되지만, 저는 리뷰가 많은 순과 좋은 순도 참고하는 편이에요. 그리고 리뷰 중 평점이 낮은 순으로 검색한 후 왜 평점이 낮은 지에 대해서도 검색해 보고, 내 상품에 보완할 수 있는 점이 있다면 그것을 강점으로 내 세워 상세 페이지를 만들 수도 있어요.

3 벤치마킹할 페이지를 찾았다면 페이지의 구상과 콘셉트 등을 확인한 후 본인 상품에 벤치마킹할 수 있는 부분을 캡처해 두거나 적어둔 후 스토리보드를 작성하면 상세 페이지를 만들기가 훨씬 쉬워져요.

상품 이미지 준비

스마트스토어를 사이드 잡으로 혼자 처음 시작하는 분들은 위탁 상품을 소싱해서 판매하는 경우가 많은데, 위탁 상품의 장점 중 하나가 상세 페이지까지 받을 수 있다는 거예요. 하지만 같은 상세 페이지를 다수의 판매자가 함께 사용하면 차별화할 수 없기 때문에 잘 팔고 싶은 상품이 있다면 샘플 상품을 받아서 상세 컷, 디자인 컷 등을 찍어서 다른 위탁 상품 페이지와 차별화할 수 있어요.

그리고 직접 사입하거나 가지고 있는 상품으로 상세 페이지를 만들려는 분은 콘셉트에 따른 사진을 직접 촬영하거나 전문가에게 의뢰해서 찍은 이미지를 준비해 주세요. 요즘은 공간 대여 스튜디오도 많이 있어서 셀프 촬영도 많이 하는 추세예요.

- **위탁 상품**: 상품이 팔리면 배송을 판매자가 아닌 위탁 업체에서 보내는 상품
- **소싱**: 쇼핑몰에 팔 물건을 공급받는 일
- **상세 컷**: 상세한 이미지 사진, 확대 사진 혹은 중요한 부분 사진 등
- **디자인 컷**: 상품과 어울릴만한 소품들과 함께 찍은 사진
- **사입**: 쇼핑몰에 팔 물건을 직접 사들이는 일

상품 설명서 및 자료 준비

먼저 상품에 대한 상세 설명서를 준비해주세요. 상품에 따라 상품의 사이즈, 무게 등 고객이 알아야 할 상품 정보가 있을 텐데, 상품의 특장점 및 주의사항, 혹은 특허 및 인증받은 자료가 있다면 그런 자료를 준비해두면 상세 페이지를 만들 때 더 신뢰할 수 있고 차별화된 페이지를 만들 수 있어요. 그리고 판매하려는 상품 중 전기용품 및 생활용품 안전관리법에 해당하는 상품인 경우 KC 인증 대상인지, 안전 기준 준수 대상 품목인지를 확인해야 하고, 만 13세 미만 어린이 상품을 판매하려면 어린이 안전 인증 허가증을 준비해야 해요.

TIP 상세 페이지 글쓰기 주의사항

1. **객관성이 결여된 최상급 표현은 근거 제시 후 사용**

   - 최다, 최고, 최저, 최강, 최대, 최신, 최초 등
   - 국내 유일, 세계 최초, 전국 최다 등

     이런 내용을 쓸 때는 해당 내용에 대한 근거 제시 후 사용

2. **수치 표현, 수상, 인증 문구는 결과서 또는 확인서 제출 후 사용**

   - 시험, 검사 결과(100% 항균, 100% 순면 등), 원산지 및 원료의 100% 표기(100% 국내산 등)
   - 소비자 만족도 1위, ○○ 분야 매출 1위, ○○ 분야 특허 출원, 수상 등

     시험, 검사, 조사, 인증 결과서 또는 확인서 제출 후 사용

3. **허위, 과장 표현 지양**

   - 제품의 원재료 또는 성분과 다른 내용의 표시 광고
   - 전문가(의사, 한의사, 약사)의 보증, 인증, 추천을 받은 것으로 오인하게 하는 표현
   - 검증되지 않은 체험기, 복용 사례 등을 사용한 경우

4. **의학적 효능 및 효과 표현 지양**

   - 특정 제품이 지병의 치료 또는 예방에 효능, 효과가 있는 것처럼 표현
   - 의약품 또는 의료기기와 오인, 혼동할 수 있는 표현
   - 의료 행위로 오인되거나 그에 준하는 오해를 불러일으킬 수 있는 표현

5. **타사 비교, 비방 표현은 명확한 근거 제시 후 사용**

   - 경쟁 사업자의 제품에 관해 객관적으로 인정된 근거 없는 내용에 대한 표시 혹은 표현
   - 고의로 타사에게 불리한 사실만을 표시 혹은 표현
   - 비교 광고는 기준, 방법 등이 동일한 조건으로 이루어져야 하며, 비교 결과에 대한 명확한 근거가 있어야 함(시험 성적서 등)

프로모션 준비

가격 인하 쿠폰, 사은품 증정 및 구매평 이벤트 등 고객이 좋아하거나 관심 있어 할 내용의 프로모션을 준비하면 더 잘 팔리는 상세 페이지가 될 수 있어요.

배송 정책/배송 정보 준비

온라인에서 상품을 살 때 상세 페이지 하단에 보면 항상 배송 정보에 관한 내용이 있어요. 대부분 물건은 택배로 배송되지만, 그렇지 않은 상품은 어떻게 보내는지 배송비는 얼마인지 미리 기재해야 해요.

온라인 상품은 직접 보고 산 게 아니기 때문에 막상 제품을 사고 나서 마음에 안 든다고 교환이나 반품을 요구하는 고객이 있는데, 상품에 따라 교환/반품이 가능한지, 교환/반품할 때 배송비 부담은 어떻게 하는지, 어떤 택배로 보내는지 등의 내용을 고지해야 해요. 그리고 신선 식품이나 가구의 경우 교환/반품이 불가능한 경우가 있기 때문에 그런 상품을 판매할 때는 배송 정책을 미리 정하고 상세 페이지를 만드는 것이 효과적이에요.

잘 팔리는 상세 페이지 사례

하디인센스스틱: https://smartstore.naver.com/studio707

하디인센스스틱의 상세 페이지는 고객을 설득할 수 있는 페이지로 잘 만든 상세 페이지예요. 앞 단에는 프로모션 이벤트로 눈길을 끌고, 인센스스틱을 써보고 싶은 고객에게 왜 이 제품을 써야 하는지 설득하는 페이지를 만들었어요.

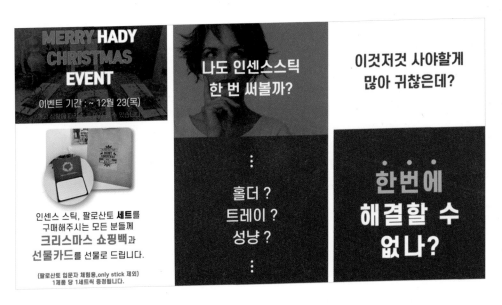

원래 인센스스틱을 쓰려면 홀더와 트레이, 성냥 등이 따로 필요한데, 이 제품 하나로 모두 해결할 수 있다는 문제 해결을 해주었고, 왜 이 제품을 써야 하는지에 대한 내용도 이미지로 잘 설명해 주었어요.

또한, 비슷한 종류의 다른 제품의 단점을 보완하여 문제 해결을 하고 강점으로 만들어 설명하고 있어요.

제품 사진도 움짤과 동영상으로 시연 모습을 많이 보여줬고, 그 외 고객이 궁금할 만한 내용을 Q&A로 풀어놓아 궁금증도 해결해 주었어요.

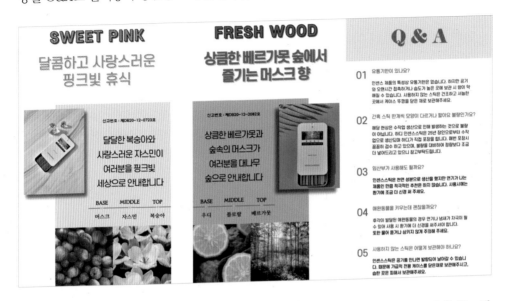

환경까지 생각하는 제품으로 정성스럽게 포장한다는 메시지로 선물하기에도 좋겠다는 생각이 들며, 안전 기준 인증정보로 신뢰감이 들게 만들었어요.

그리고 무엇보다 모바일 환경에 맞춰 가독성 있는 텍스트와 짧은 영상으로 집중하게 해준 점이 잘 팔리는 상세 페이지로 적합했다고 생각해요.

쇼핑몰 상세 페이지 만들기

그럼 이제 미리캔버스의 템플릿을 활용해 상세 페이지를 만들어 볼게요. 여기서는 '윤이네 불닭발'이라는 푸드 상세 페이지를 다음과 같이 만들 거예요.

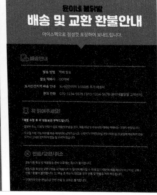

1 상세 페이지를 만들려면 워크스페이스 오른쪽 상단의 ❶[디자인 만들기] ❷[웹용]-[상세 페이지]를 클릭합니다.

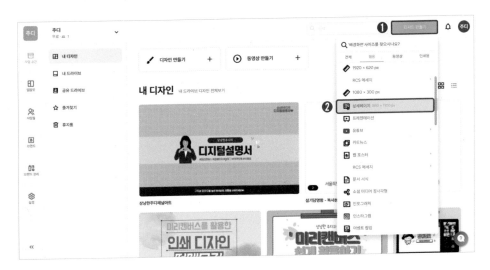

2 여기서는 '윤이네 불닭발'이라는 상품의 상세 페이지를 만들려고 해요. 그래서 비슷한 상품의 상세 페이지를 검색한 후 그중 하나의 템플릿을 이용해 상세 페이지 수정 방법을 알아볼게요.

❶왼쪽 [템플릿] 메뉴에서 ❷'매운맛'으로 검색한 후 '언니네쭈꾸미' 템플릿을 클릭한 다음 ❸[이 템플릿으로 덮어쓰기] 버튼을 클릭해 주세요.

- **템플릿 이름**: 검정 빨강 언니네쭈꾸미 중독성 있는 매운맛 야식 캠핑요리 냉동식품 상세 상세 페이지 By mac_design
- **템플릿 주소**: https://url.kr/e6w3ms
- **완성 페이지 주소**: https://www.miricanvas.com/v/1r28k6

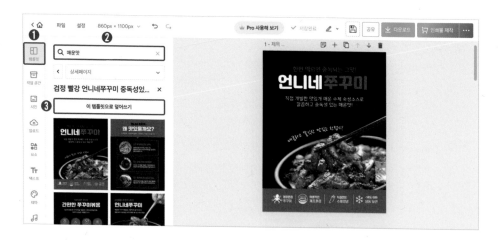

3 ❶'언니네쭈꾸미'를 더블 클릭한 후 '윤이네불닭발'로 변경해 주세요. 필요 없는 글자는 클릭한 후 삭제하고, 수정할 글자는 더블 클릭한 후 수정해 주세요. ❷페이지 하단의 쭈꾸미 요소를 삭제할 거예요. 요소와 텍스트가 그룹으로 묶여 있으므로 ❸왼쪽 상단의 [그룹 아이콘(▦)]을 눌러 요소 그룹을 해제한 후 수정해 주세요. 그룹을 해제했는데, 아직 묶여 있는 그룹이 남아 있다면 한 번 더 그룹을 해제해 주세요.

4 ❶[요소] 메뉴에서 ❷일러스트를 클릭한 후 ❸'닭'으로 검색해서 ❹마음에 드는 요소를 불러주세요.

5 ❶요소의 크기를 알맞게 줄이고 색상을 흰색으로 수정해 주세요. ❷'영양만점 쭈꾸미'를 더블 클릭한 후 '콜라겐가득 불닭발'로 변경해 주세요.

6 기존에 있는 쭈꾸미 사진은 클릭한 후 키보드의 [DELETE] 키로 삭제하세요. **❶**[사진] 메뉴를 클릭한 후 **❷**'불닭'으로 검색해서 **❸**마음에 드는 사진을 클릭해 주세요. 사진 크기를 상세 페이지에 어울리게 늘려주세요. 직접 찍은 사진을 넣으려면 왼쪽의 [업로드] 메뉴를 이용해 미리 클라우드에 사진을 불러올 수도 있어요.

7 현재 불닭 이미지가 레이어 맨 앞에 있어 디자인 아래쪽 글자가 가려 보이지 않아요. 그래서 불닭 이미지를 디자인 요소 뒤로 보낼 거예요. 사진을 클릭한 후 작업 페이지 왼쪽의 순서에서 [맨 뒤로]를 클릭해주세요. (맨 뒤로 보내기 단축키 : Ctrl + Shift + [ )

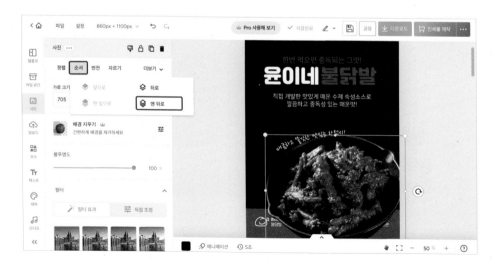

8 앞에서 '불닭'으로 검색한 이미지 중 다음 사진도 클릭하여 페이지에 어울리게 놓아주세요.

9 이번에는 배경을 바꿔볼 거예요. ❶왼쪽 [배경] 메뉴에서 ❷[사진] 배경 중 ❸'불' 이미지 를 검색하여 ❹마음에 드는 사진을 클릭해 주세요. 그럼 선택한 사진이 배경으로 들어갈 거예요.

🔟 이번에는 2페이지를 수정할 거예요. 먼저 그룹을 해제합니다. ❶이미지 요소를 클릭했을 때 ❷왼쪽 상단 속성이 '프레임'으로 되어있으면 사진 또는 동영상을 넣을 수 있어요.

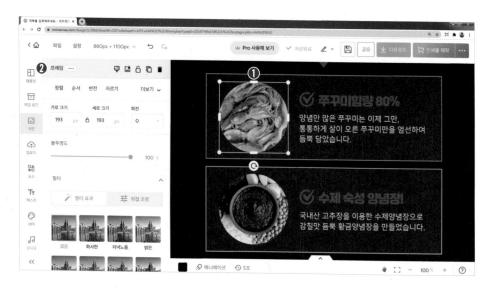

⓫ 여기서도 마찬가지로 앞에서 '불닭'으로 검색한 이미지를 몇 개 드래그해서 넣어주세요. 변경할 텍스트는 더블 클릭한 후 수정해 주세요.

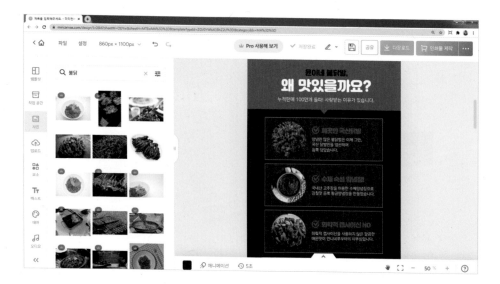

12 이번에는 3페이지를 수정할 거예요. 변경할 텍스트를 더블 클릭한 후 수정해 주세요. 쭈 꾸미 사진은 클릭한 후 키보드의 DELETE 키로 삭제하고, ❶왼쪽 사진 메뉴에서 사진을 선택한 후 ❷'불닭' 이미지를 검색해서 ❸마음에 드는 사진을 클릭해 주세요. 사진을 클 릭한 후 대각선 방향으로 작업 페이지에 알맞게 늘려주세요.

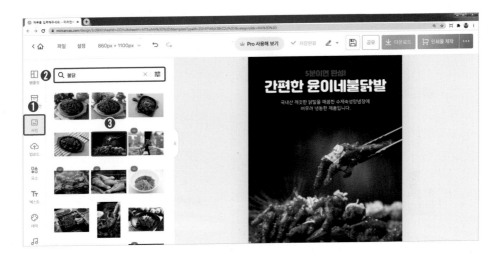

13 이번에는 사진 끝을 그라데이션 마스크로 흐리게 만들 거예요. 사진을 클릭한 후 작업 페이지 왼쪽의 사진 효과 중 [그라데이션 마스크]를 클릭하고 타입은 사선, 방향은 360°, 범위는 65%로 설정해 주세요.

🔢 사진을 클릭한 후 왼쪽 순서에서 [맨 뒤로]를 클릭해서 상단 요소들이 맨 앞으로 오게 하고, 배경은 8번에서 설명한 방식과 동일하게 작업해주세요.

🔢 4페이지도 3페이지와 마찬가지로 텍스트를 수정하고 사진과 배경도 수정해주세요.

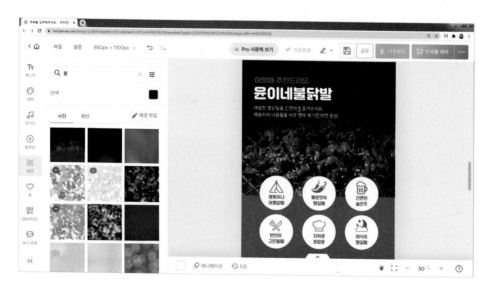

🔢 5페이지에는 배송 안내 페이지를 만들 거예요. 배송 안내 페이지에는 배송 정보를 기입해야 하는데, 상세 페이지를 만들기 전 기획 시 배송 정책을 세워두면 좋아요. 상품에 따

라 택배 발송인지, 화물 배송인지, 어느 택배사인지 등 배송 정보를 기재하고, 반품/교환 정책도 미리 정해야 소비자와의 분쟁을 방지할 수 있어요. 특히 신선식품이나 가구 등은 교환/반품이 불가능한 경우가 있기 때문에 미리 꼭 고지해야 해요.

17 6페이지에서는 프로모션 페이지를 만들 거예요. 프로모션으로는 가격 인하 쿠폰, 사은품 증정, 구매평 이벤트 등 고객이 좋아하거나 관심 있어 할 내용의 프로모션을 준비하면 좋아요. 여기서는 템플릿에 있는 텍스트와 배경을 수정하여 리뷰 이벤트 페이지를 만들어 볼게요.

18 프로모션 페이지를 완성했다면, ❶'제목을 입력해주세요.'에 파일명을 '불닭발상세 페이지'라고 입력하고 [저장하기] 버튼을 클릭해 주세요. ❷[다운로드] 버튼을 클릭한 후 ❸[웹용]-[PNG]를 선택하고 ❹[고해상도 다운로드] 버튼을 클릭해 주세요.

다운로드 시 [한 장의 이미지로 합치기]를 선택하면 상세 페이지를 한 장의 이미지로 내려받을 수 있어요. 하지만 모바일 최적화를 위해서는 이미지를 합쳐서 받은 통 이미지보다는 낱장 이미지를 사용하는 것이 좋습니다.

모든 페이지 선택 후 다운로드 받은 파일(ZIP)
ZIP 파일의 압축을 풀면 낱장의 이미지 파일이 됨

한장의 이미지로 합치기 선택 후 다운로드 받은 파일

이번 절에서는 미리캔버스 템플릿을 활용해 상세 페이지 만드는 방법을 살펴보기 위해 미리캔버스에서 제공하는 사진을 활용했지만, 직접 판매하는 상품의 상세 페이지를 만들 때에는 직접 촬영한 사진을 업로드해서 사용하기를 추천합니다.

3.4 블로거도 한다! 썸네일 만들기

일회성으로 그치는 다른 SNS 채널과는 달리 블로그는
네이버에서 검색되어 오랫동안 정보를 제공하는 역할을
할 수 있어요. 네이버에서 검색하면 여러 페이지가 나오
는데, 그중 썸네일이 눈에 잘 띄어야 클릭될 확률이 높
아요. 미리캔버스를 활용해 톡톡 튀고 예쁜 썸네일을 만
들어 봐요.

동영상 강의

https://youtu.be/y51_aXC1B30

썸네일이란?

썸네일(Thumbnail)의 뜻은 인터넷 홈페이지나 전자책 같은 컴퓨팅 애플리케이션 따위를
한눈에 알아볼 수 있게 줄여 화면에 띄운 것, 또는 그래픽 파일의 이미지를 소형화한 것이
에요

멸치앱 영상 제작 3(편집....
[13]
안녕하세요. 배우고 성장 중인 상냥
한주디입니다. 이번 시간에는 저번
모스...
2022. 3. 11

굿쩍 영상 공모전 제작방... [2
2]
안녕하세요. 배우고 성장 중인 상냥
한주디 입니다. 2022년 1월 1일부...
2022. 2. 23

무료 영상편집 멸치앱 사... [2
이]
안녕하세요. 배우고 성장 중인 상냥
한 주디입니다.) 제가 무료 영상편집
...
2022. 2. 18

미리캔버스 모바일 사용법...
[24]
안녕하세요. 배우고 성장 중인 상냥
한주디 입니다. 오늘은 미리캔버스
모바...
2022. 1. 14

미리캔버스로 움직이는 새...
[27]
안녕하세요. 배우고 성장 중인 상냥
한주디 입니다. 제가 얼마 전 유튜브
...
2021. 12. 31.

미리캔버스로 움직이는 크...
[14]
안녕하세요. 배우고 성장 중인 상냥
한 주디입니다.) 최근 제가 유튜브를
...
2021. 12. 24

굿노트 다이어리 양식에 2...
[34]
안녕하세요. 배우며 성장 중인 상냥
한주디 입니다.) 어제는 행복한 복창
고...
2021. 12. 23

카카오톡 톡명함으로 모바...
[48]
안녕하세요. 배우고 성장중인 상냥
한주디 입니다. 카카오톡에서 톡명
함이 새...
2021. 12. 12.

미국 페이팔 결제 Paypal ...
[2]
안녕하세요. 배우고 성장 중인 상냥
한 주디입니다. 저는 아직 페이팔 결
제...
2021. 12. 3

블로그 썸네일 만들기

미리캔버스 템플릿을 활용해 블로그 썸네일을 만들려고 해요. 초보자라면 템플릿을 사용해
디자인을 수정해가며 응용하다 보면 나만의 썸네일을 만들 수 있을 거예요.

1 워크스페이스에서 오른쪽 상단의 ❶ [디자인 만들기]를 클릭한 다음 ❷[웹용]-❸[소셜 미디어 정사각형]을 클릭합니다.

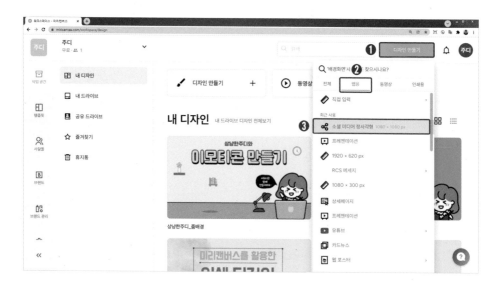

2 ❶[템플릿]에서 ❷[소셜 미디어 정사각형]을 선택하고 ❸'1인분'을 검색한 후 ❹검색 결과에서 '1인분도 배달가능' 템플릿을 선택해 주세요. (저는 빠른 검색을 위해 '1인분'을 키워드로 검색했지만, 여행, 맛집 등 더 확장된 키워드를 통해 검색한 후 마음에 드는 템플릿을 골라 사용해도 됩니다.)

- **템플릿 이름:** 검은색과 노란색의 블랙데이 혼밥 솔로 짜장면 이벤트(소셜 미디어 정사각형) 작가: angelloye
- **템플릿 주소:** https://url.kr/l1y7mp
- **완성 페이지 공유 주소:** https://www.miricanvas.com/v/117dnep

③ 다음 그림처럼 '1인분도 배달가능' 템플릿으로 '제주맛집 TOP5'라는 썸네일을 만들려고
해요.

④ 먼저 상단의 텍스트를 변경할 거예요. ❶'4월 14일 블랙데이, 단 하루!' 텍스트를 더블클
릭 후 '제주가면 꼭 먹어야할 음식'으로 수정해 주세요. 아래 빨간색 바와 그룹으로 묶여
있기 때문에 ❷그룹 해제 후 텍스트를 빨간색 바의 중앙에 오도록 ❸정렬해 주세요. 그
리고 ❹글씨 기울임을 없애주세요.

5 이번에는 ❶'1인분도 배달가능'을 더블클릭한 후 '제주맛집 TOP5'로 변경해 주세요. 숫자 5만 드래그한 다음 글자 크기를 150으로 수정해 주세요. 그리고 글씨 기울임을 없애 주세요. TOP5만 드래그한 다음 글자색을 노란색으로 변경해 주세요. ❷'혼자라도 괜찮아! 맛있게 비비자!' 글자는 키보드의 [DELETE] 키로 삭제해 주세요.

6 하단 부분의 이미지와 요소는 사용하지 않을 것이므로 마우스 드래그로 다중 선택 후 키보드의 [DELETE] 키로 삭제해 주세요.

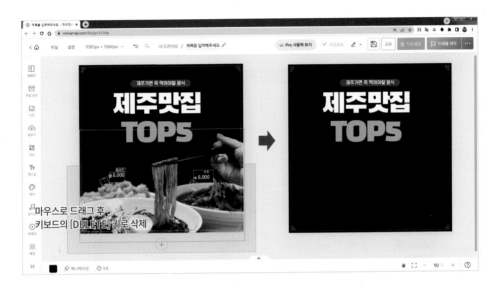

7 왼쪽 메뉴 중 ❶[요소]를 선택한 후 ❷[프레임]을 선택하고 ❸'필름'으로 검색해주세요. ❹첫 번째 프레임을 선택하고 크기를 늘려준 후 알맞은 위치에 놓아주세요.

8 블로그 썸네일의 경우 직접 찍은 사진을 업로드하여 사용하는 것이 좋지만, 여기서는 사진을 검색해서 사용하는 방법을 알려드릴게요. 왼쪽 메뉴 중 ❶[사진]을 선택하고 ❷'갈치'를 검색해주세요. 검색 결과 중 ❸마음에 드는 이미지를 클릭해 주세요. ❹선택한 이미지를 프레임 안으로 드래그해서 넣어주세요.

9 이번에는 디자인한 이미지들을 전체적으로 가운데 정렬하려고 해요. ❶상단 글자 위쪽부터 하단 이미지까지 드래그해서 요소들을 선택한 후 ❷정렬을 클릭하고, ❸가운데를 클릭해 디자인 요소들이 가운데 정렬이 되게 해주세요.

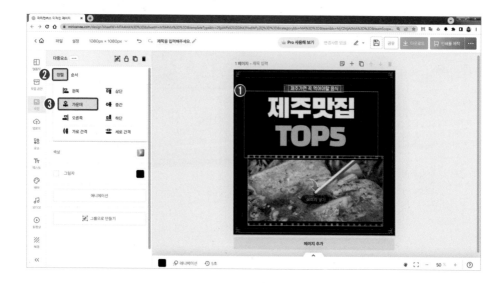

🔟 완성된 템플릿을 다운로드하려면 ❶'제목을 입력해주세요.'에 파일명을 '블로그썸네일'이라고 입력한 후 저장하기 아이콘을 클릭해 주세요. ❷[다운로드] 버튼을 클릭해 주세요. ❸[웹용]–[PNG] 파일을 선택한 후 ❹[빠른 다운로드]를 클릭해 주세요.

이렇게 블로그 썸네일이 완성되었습니다. 다음에는 배경색, 텍스트, 이미지를 수정해서 더 빠르고 간편하게 썸네일을 만들 수 있을 거예요.

TIP   색상 수정 팁

작업 페이지에 사용된 색이 궁금할 때는 배경색을 클릭하면 나타나는 창의 위쪽에서 확인할 수 있어요. 색상 변경 시 기본 팔레트에 원하는 색상이 없다면 무지개색 아이콘을 클릭해 동그라미를 움직여 원하는 색상을 선택할 수 있어요.

TIP 스포이트 사용법

이미지로 불러온 사진의 색상이나 궁금한 색상을 바로 알아내기 위해 스포이트를 사용할 수 있어요. '제주 맛집' 텍스트를 클릭한 후 작업 페이지 왼쪽의 [글자색]을 선택하고 스포이트 아이콘을 클릭해 주세요.

스포이트로 색상이 궁금한 곳에 가져다 대면 큰 동그라미에 색상과 색상 코드가 나와요. 그 상태에서 스 포이트로 찍으면(클릭하면) '제주맛집' 글자색이 수정돼요.

인스타그램은 SNS 채널 중 하나로, 이미지 중심의 영향력 있는 소셜 미디어예요. 인스타그램에서 많은 팔로워(구독자)를 통해 대중에게 영향력을 미치는 이들을 인플루언서라고 해요. 이런 인플루언서들이 인스타를 통해 콘텐츠를 구축하고, 마케팅하면서 수익을 창출하기도 해요. 미리캔버스를 활용하면 감성적인 사진과 센스 있는 이미지를 만들 수 있어요.

동영상 강의

https://youtu.be/jO_QW9P26y8

인스타 피드란?

인스타그램은 미국의 메타(예전의 페이스북)라는 기업이 운영하는 이미지 공유 중심의 소셜 네트워크 서비스예요. 인스타 피드는 인스타그램 채널에 올리는 이미지 및 영상을 해시태그와 함께 발행하는 게시물이라고 할 수 있어요.

인스타 피드 만들기

인스타 피드에서는 콘셉트를 시각화하고 차별화할 수 있는 콘텐츠가 인기가 많아요. 저는 그중 수제청을 판매하는 데일리즈키친의 라이브커머스용 인스타 피드를 미리캔버스 템플릿을 활용해 다음처럼 만들어 볼게요.

■ 인스타 피드를 만들려면 워크스페이스 오른쪽 상단의 ❶[디자인 만들기]를 클릭한 후 ❷[웹용]–❸[인스타그램]–❹[새 피드 게시물]을 클릭합니다.

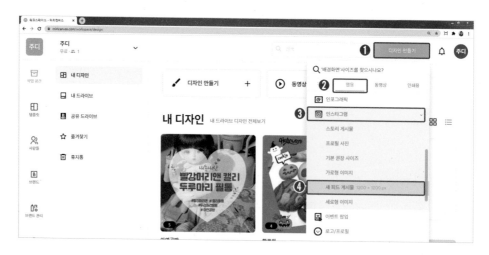

2 템플릿 카테고리를 ❶[소셜 미디어 정사각형]으로 선택한 다음 ❷검색창에서 '쇼핑라이
브'로 검색하여 ❸쇼핑라이브 템플릿을 클릭해 주세요.

- **템플릿 이름**: 노란색과 검은색의 핸드폰 프레임 채팅 컨셉의 쇼핑 라이브 소셜 미디어 정사각형 By sondidi

- **템플릿 주소**: https://url.kr/rf37a5

- **완성 페이지 주소**: https://www.miricanvas.com/v/1opk5m

3 우선 템플릿의 배경을 바꿔볼게요. ❶왼쪽 [배경] 메뉴를 클릭한 후 ❷'빛'으로 검색해서
❸마음에 드는 배경을 선택해 주세요. 저는 감성적인 인스타그램 이미지를 만들기 위해
배경 메뉴의 사진을 자주 활용하는 편이에요.

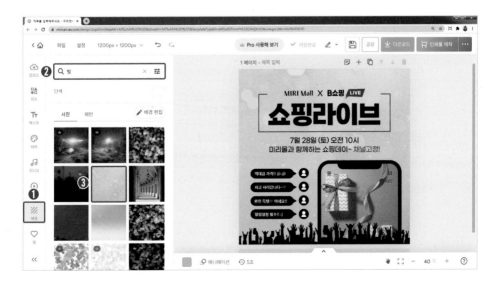

4 이제는 텍스트 변경을 할 거예요. 먼저 그룹으로 묶여 있는 요소는 그룹을 해제해 주세요.

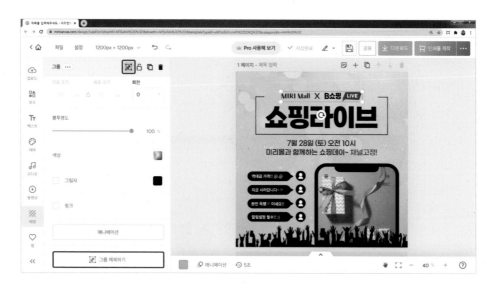

5 ❶'B쇼핑'을 '데일리즈키친'으로 텍스트를 변경해 주세요. ❷날짜와 텍스트를 다음 그림과 같이 수정해 주세요.

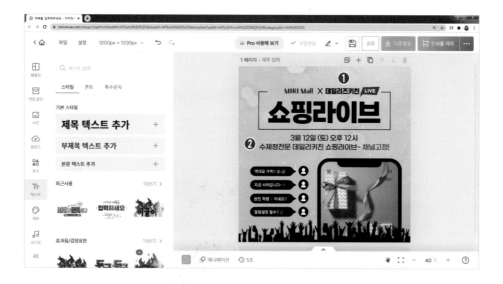

6 이번에는 텍스트의 색상을 한꺼번에 변경해 볼게요. **❶**'쇼핑라이브'를 클릭한 후 왼쪽 텍스트 메뉴에서 **❷**[글자색] 옆의 색상을 클릭해 주세요. 기본 팔레트에서 **❸**보라색을 클릭한 후 **❹**[같은 색상 모두 변경]에 체크 표시해 주세요. 그러면 글자색과 같은 색상값의 색이 모두 보라색으로 바뀔 거예요.

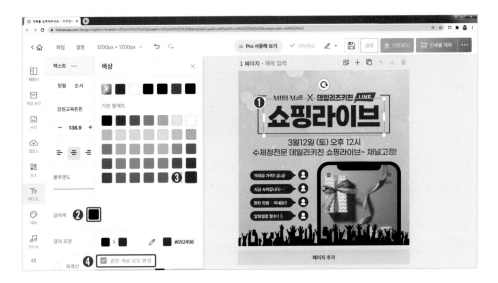

7 이번에는 핸드폰 속 이미지를 바꿀 거예요. 왼쪽의 **❶**사진 메뉴를 선택하고 검색창에서 **❷**'과일음료'로 검색한 후 결과 사진 중 **❸**마음에 드는 사진을 드래그해서 핸드폰 프레임 안으로 넣어주세요.

8 데일리즈키친의 인스타 피드가 완성되었습니다.

9 작업한 파일을 저장하기 위해 **①**'제목을 입력해주세요.'에 파일명을 '인스타피드'로 변경한 후 [저장] 아이콘을 클릭합니다. 그다음 **②**[다운로드] 버튼을 클릭해 주세요. **③**[웹용]–[PNG] 파일 형식을 선택한 후 **④**[빠른 다운로드] 버튼을 클릭해 주세요.

인스타의 새 피드 게시물 외에도 스토리 게시물 템플릿도 있으니 활용해 보세요.

3.6 | 마케터도 한다! 카드뉴스 만들기

최근 모바일과 태블릿의 보급률이 높아지면서 텍스트 위주
의 뉴스보다 사진 및 영상 등 한눈에 볼 수 있는 콘텐츠가 더
주목받고 있습니다. 그중 직관적 이미지로 순차적으로 넘겨
볼 수 있는 카드뉴스는 원하는 정보를 빠르게 전달하고 마케
팅 효과가 높아 각광받고 있습니다.

동영상 강의

https://youtu.be/3gjJefrtcyI

카드뉴스란?

카드뉴스는 주요 이슈나 뉴스를 이미지와 간략한 텍스트로 재구성해 보여주는 새로운 개념
의 뉴스 포맷입니다. 순차적으로 넘겨볼 수 있어 모바일 및 소셜 네트워크 서비스(SNS) 환
경에서 일반 기사 뉴스보다 가독성 및 전파력이 높고 확산성이 뛰어난 것으로 평가받고 있
습니다. 요즘은 이슈나 뉴스뿐 아니라 모든 상품의 홍보와 마케팅을 위해 카드뉴스를 만들
기도 합니다.

카드뉴스 기획하기

카드뉴스를 만들려면 우선 기획이 필요해요. 어떤 카드뉴스를 만들어 어떤 효과를 내려고
하는지 생각해본 후 각 페이지를 기획해보세요.

여기서는 제가 하고 있는 네이버 OGQ 마켓 이모티콘 만들기 강의 모집 카드뉴스를 만들
려고 해요. 첫 페이지에는 이모티콘 만들기 모집 썸네일 페이지를 만들고, 두 번째 페이지
는 이모티콘 강의 소개, 세 번째 페이지에는 강의 기간과 신청 방법 등을 안내하고, 네 번째
페이지는 이모티콘 만들기 전 준비사항, 다섯 번째 페이지에는 운영 방법을 넣을 거예요.
그럼 지금부터 카드뉴스 만들어 볼까요?

카드뉴스 만들기

1 카드뉴스를 만들려면 워크스페이스 오른쪽 상단의 ❶[디자인 만들기]를 클릭한 후 ❷[웹용]-[카드뉴스]를 클릭합니다.

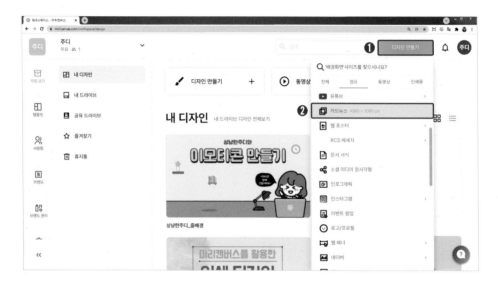

2 ❶템플릿 검색창에서 '캐릭터'로 검색해서 ❷'온라인 개학' 카드뉴스 템플릿을 선택한 후 ❸[이 템플릿으로 덮어쓰기] 버튼을 클릭해주세요.

- **템플릿 이름**: 분홍색과 노랑색 귀여운 캐릭터 콘셉트의 학급소개 카드뉴스 By bdkang

- **템플릿 주소**: https://url.kr/qibpyz

- **완성 페이지 주소**: https://www.miricanvas.com/v/1ofozk

3 우선 ❶'인'글자 위에 화살표는 클릭해서 삭제해 주세요. ❷'온라인 개학' 텍스트를 선택해서 '이모티콘'으로 변경하고, '학급 소개' 텍스트를 선택해서 '만들기 강의'로 변경해주세요. ❸말풍선에 있는 텍스트도 '이모티콘 함께 만들어요'로 수정해 주세요. ❹중앙의 곰 이미지는 삭제해 주세요.

4 저는 제가 만든 주디 캐릭터를 가져와 작업했지만, 여기서는 미리캔버스 요소로 만들어 볼게요. ❶요소 메뉴의 ❷[컬렉션]에서 ❸'캐릭터'로 검색한 후 마음에 드는 컬렉션으로 들어가 어울리는 이미지를 클릭하세요.

5 호랑이 이미지를 알맞은 크기로 만든 후 노트북 요소 뒤에 가져다 놓을 거예요. ❶호랑 이 캐릭터를 클릭한 후 ❷왼쪽의 [순서]를 클릭하고 ❸[뒤로]를 호랑이 캐릭터가 노트북 뒤로 갈 때까지 클릭해 주세요(순서를 쉽게 변경하는 방법은 223쪽 레어어 활용으로 작 업 속도 높이기 참조).

6 이제 두 번째 페이지 편집을 할 거예요. ❶선생님 사진 부분을 삭제해 주세요. 그럼 프레임이 나올 거예요. 저는 제 프로필 일러스트를 가져다 놓았는데, 각자 어울리는 사진을 드래그해서 프레임에 가져다 놓으세요. ❷'선생님 소개' 텍스트를 더블 클릭한 후 '강의소개'로 변경해 주세요. '도미리 선생님'이라는 텍스트도 더블 클릭한 후 '상냥한주디와 함께'로 변경해 주세요. ❸그 아래 텍스트도 다음 그림처럼 변경해주세요.

7 이번에는 3번째 페이지를 편집할 거예요. ❶'학급약속' 텍스트를 더블 클릭해서 '강의모집'으로 변경해 주세요. ❷'첫째', '둘째', '셋째' 텍스트는 각각 '기간', '금액', '방법'으로 변경해 주세요. ❸다른 텍스트도 다음 그림처럼 변경해 주세요.

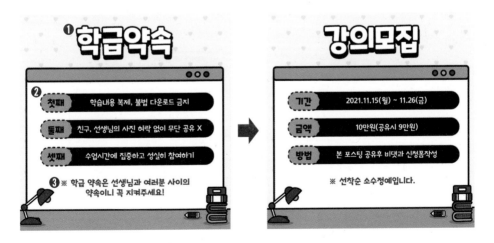

8 다음은 4번째 페이지를 만들 텐데, 3번째 페이지를 복제해서 내용만 수정할 거예요. 3 페이지 오른쪽 상단의 페이지 복제 아이콘(📄)을 클릭한 후 4페이지를 만들어 준비사항 페이지로 다음처럼 텍스트를 수정해 주세요.

9 이제 마지막 5페이지를 만들 거예요. ❶1번에 있는 캐릭터를 클릭해 주세요. 왼쪽 메뉴에 일러스트 요소에 관한 정보가 나오고 아래쪽에 ❷[비슷한 요소 찾기]가 나와요. 만약이 버튼이 보이지 않는다면 스크롤을 내려보세요. [비슷한 요소 찾기] 버튼을 클릭해 주세요.

10 그럼 선택했던 요소와 비슷한 요소들이 나와요. 내용과 어울리는 이미지를 찾아 넣어주세요.

11 내용과 어울리지 않는 요소들은 선택해서 키보드의 [DELETE] 키로 삭제하고, 어울리는 요소를 검색해서 편집해 주세요. 텍스트도 다음과 같이 수정해 주세요.

12 6페이지와 7페이지는 사용하지 않을 거라서 페이지 오른쪽 상단의 휴지통 아이콘을 눌러 삭제해 줍니다.

13 이렇게 해서 5페이지의 카드뉴스가 완성되었습니다.

카드뉴스를 만들 때 기획도 중요하지만 전체적인 디자인의 통일성도 중요하기에 요소를 활용할 땐 컬렉션의 요소를 활용하는 것이 좋아요. 또한 소셜 미디어 정사각형의 템플릿 중 어울릴법한 디자인 템플릿을 추가해 카드뉴스를 만들 수도 있어요. 다른 템플릿을 추가해 활용할 때는 기존 템플릿 디자인의 폰트 및 색감과 맞춰주는 게 좋아요.

3.7 소상공인도 한다! 로고와 명함 만들기

나만의 사업을 시작하려면 업종에 맞는 로고와 명함은 필수입니다. 소자본으로 창업했을 때 디자인 비용으로 맡기는 금액은 부담스러울 수 있어요. 하지만 미리캔버스를 사용하면 로고와 명함 등 인쇄에 필요한 디자인을 쉽게 제작할 수 있어요.

동영상 강의

https://youtu.be/px2erNhoiMg

로고란?

로고란 둘 이상의 문자를 짜 맞추어 특별하게 디자인하거나 레터링한 것을 말합니다. 회사의 이름이나 상품의 이름에서 흔히 볼 수 있어요. 업체의 브랜드 이미지를 구축하는 데 로고 제작은 중요한 요소입니다.

로고 기획하기

로고의 종류는 크게 심볼형, 텍스트형, 엠블럼형이 있어요. 심볼형 로고는 심볼과 글자를 조합해서 만들어 확장성이 좋고 가독성이 좋아 가장 흔하게 볼 수 있는 로고 형태예요. 텍스트형은 글자 자체에 상징성을 담은 디자인으로 심플한 형태로 간략한 디자인이 많아요. 엠블럼형은 프레임 안 배지 형태에 심볼과 글자를 넣어 하나의 문양처럼 보이며, 전문기관에서 많이 쓰는데, 요즘은 카페나 회사에서도 많이 쓰고 있어요.

[심볼형]　　　　[텍스트형]　　　　[엠블럼형]

미리캔버스에는 로고 종류별 템플릿이 많아요. 많이 둘러보고 본인의 업종에 적합한 로고를 선택해 편집해 보세요. 또한 로고를 만들기 전에 내가 만들려는 로고의 콘셉트와 컬러를 정하고 만드는 것이 좋아요.

여기서는 얼마 전 N잡으로 렌탈 스튜디오를 오픈한 지인의 로고를 만들어 볼 거예요. 로고의 콘셉트는 모던·심플로, 간결한 심볼로 심플한 로고를 만들려고 해요. 로고 컬러는 IRI 색채연구소의 형용사 이미지 스케일을 참고해 모던한 컬러 중 선택하려고 해요. 검색창에 형용사 이미지 스케일을 검색하면 더 많은 형용사 이미지 색상을 찾을 수 있을 거예요.

- **업종**: 렌탈스튜디오

- **콘셉트**: 모던&심플

- **컬러**: 다크그린(IRI 색채연구소의 형용사 이미지 스케일 참고)

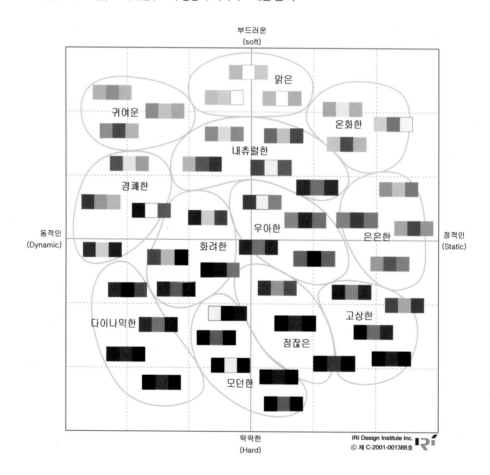

로고 만들기

1 저는 확장성이 좋은 심볼형 로고를 만들려고 해요.

로고를 만들려면 워크스페이스 오른쪽 상단의 ❶[디자인 만들기]를 클릭한 후 ❷[웹용]-[로고/프로필]을 선택합니다.

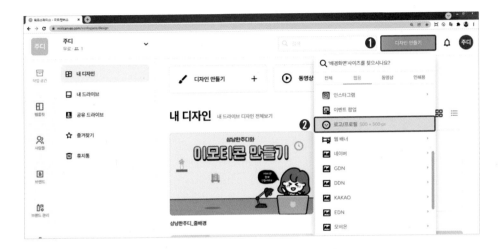

2 심볼 로고 중 여기서는 제가 정한 콘셉트와 비슷한 로고를 선택했어요.

- **템플릿 이름**: 83562번 로고/프로필 By yjeom

- **템플릿 주소**: https://url.kr/d8q5bo

- **완성 페이지 공유 주소**: https://www.miricanvas.com/v/1owhwb

이 템플릿을 활용해 다음과 같이 로고를 수정할 거예요.

❶템플릿 검색창에서 '요가테라피'로 검색해서 ❷'요가테라피' 템플릿을 클릭해 주세요.

3 우선 로고의 심볼을 바꿔볼게요.

❶기존 로고 심볼을 선택한 후 [DELETE] 키로 삭제해 주세요.

그런 다음 ❷왼쪽 [요소] 메뉴의 ❸일러스트에서 ❹'라인 사진기'라고 검색해 주세요. ❺
마음에 드는 요소를 선택해 주세요. 작업 페이지에 삽입된 ❻카메라 요소를 클릭한 후
대각선 방향 화살표를 조절해 크기에 맞게 줄여주세요. 미리캔버스에도 그래픽 요소가
많지만, 더 많은 그래픽 요소를 검색하려면 Part4의 무료 아이콘/일러스트(237쪽)를 참
고해주세요.

❹ 이번에는 텍스트를 변경할 거예요.

❶'요가' 텍스트를 '707'로 변경해 주세요. ❷ '테라피'도 '스튜디오'로 변경해 주세요. 글
자 크기는 알맞게 수정해 주세요.

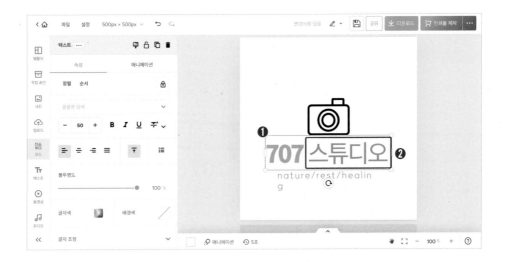

❸로고 텍스트 하단의 서브 슬로건을 더블 클릭한 후 텍스트를 'MODERN RENTAL STUDIO'로 변경해 주세요. ❹글자크기는 12PT로 조정하고, ❺글자 색상은 ❻진그레이로 변경해 주세요.

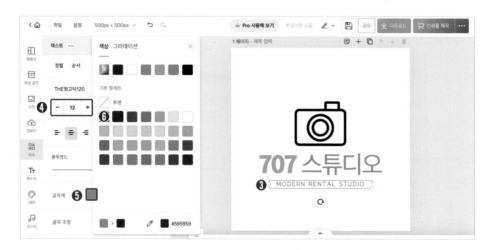

❺ 이번에는 심볼과 텍스트 색상을 수정할 거예요. ❶카메라 요소와 '707 스튜디오'를 한꺼번에 드래그해서 선택한 후 ❷왼쪽 색상 옆의 무지개색 아이콘을 클릭하세요. 기본 팔레트의 색상이 아닌 새로운 색상을 직접 만들 거라서 ❸다시 한번 무지개색 아이콘을 클릭한 후 ❹마우스 커서를 움직여 마음에 드는 색을 찾습니다. 저는 ❺#0B540E 색상을 선택했어요.

6 이렇게 해서 심플하고 모던한 심볼형 로고가 완성됐어요. 이제 로고를 다운로드하는 방법을 알려 드릴게요. **①**상단 '제목을 입력해주세요.'에 파일명을 '707로고'로 변경한 후 저장하기 아이콘(💾)을 클릭해 주세요. **②**[다운로드] 버튼을 클릭해 주세요. **③**[웹용]-[PNG] 파일 형식을 선택한 후 PNG 옵션의 **④**[투명한 배경]에 체크하고, **⑤**[고해상도 다운로드] 버튼을 클릭해 주세요.

로고는 투명 배경 이미지의 고해상도로 다운로드해야 다른 디자인에 사용할 때 편리하며, 인쇄에 사용할 이미지는 고해상도 다운로드가 적합해요. 저장 방법에 대해 더 궁금하다면 18쪽(다운로드)을 참조해 주세요.

명함 만들기

1 이번에는 앞에서 만든 로고를 사용해 명함을 만들어 볼게요. [워크스페이스] 오른쪽 상단의 **①**[디자인 만들기]를 클릭하고 **②** [인쇄용]-[명함]-[가로형]을 클릭합니다.

동영상 강의

https://youtu.be/jYcWUV803T8

2 명함 템플릿 중 레이아웃 위주로 어울릴 만한 템플릿을 선택해 봤어요.

- **템플릿 이름**: 빨강 노랑 일러스트 치킨 명함 명함 가로형 By ari657

- **템플릿 주소**: https://url.kr/9hi4tj

- **완성 페이지 주소**: https://www.miricanvas.com/v/1p423j

이 템플릿을 활용해 다음과 같이 명함을 수정할 거예요.

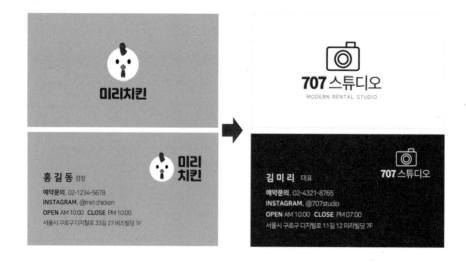

❶템플릿 검색창에서 '108329'로 검색한 후 ❷'미리치킨' 템플릿을 클릭해 주세요.

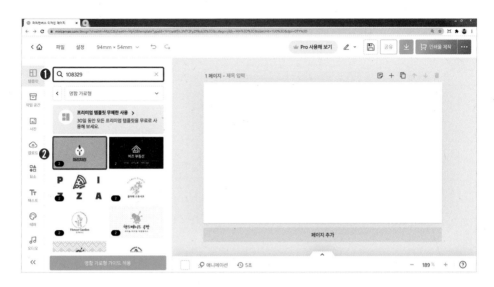

[이 템플릿으로 덮어쓰기] 버튼을 클릭해 주세요. 오른쪽 [디자인 적용 방식 선택]은 [맞추기]로 선택해 주세요. 작업 사이즈와 선택한 템플릿의 작업 사이즈가 다를 때는 [디자인 적용 방식 선택] 옵션이 나오는데, 각 옵션에 대해 설명해드릴게요.

> **TIP** 디자인 적용 방식 선택
>
> ▪ **채우기**: 작업 화면에 디자인을 가득 채우고 싶을 때
>
> ▪ **맞추기**: 디자인이 작업 화면에 잘리지 않게 할 때
>
> ▪ **원본크기**: 작업 사이즈만 변경하고, 디자인 크기는 유지하고 싶을 때
>
> ▪ **선택한 페이지 사이즈로 적용**: 작업 사이즈를 선택한 템플릿 사이즈로 적용해서 덮어쓰고 싶을 때

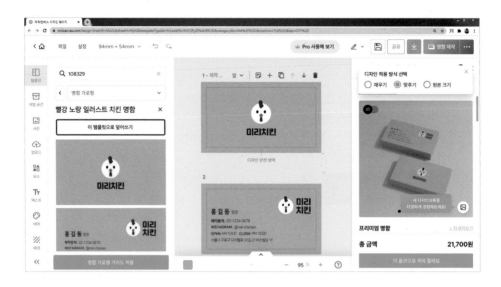

3 작업 페이지에 있는 로고를 우리가 만든 로고로 변경할 거예요. ❶닭 요소와 텍스트를 선택한 후 [DELETE] 키를 눌러 삭제해 주세요.

❷왼쪽 메뉴 중 [작업 공간]을 선택하고 ❸[내 디자인]–❹'707로고'를 선택하세요. 그럼 작업 페이지에 앞에서 만든 로고가 나와요. ❺[디자인 적용 방식 선택]은 [맞추기]가 기본으로 나오니 맞추기로 해주세요.

미리캔버스 인쇄 템플릿에서는 인쇄 시 유의할 점을 노란 느낌표로 알려주어 실수를 방지해 줘요. 예제의 경우, 서브 슬로건이 텍스트가 너무 작아서 인쇄 시 흐리게 보인다고 하네요. 글씨 크기를 적당히 키워 주세요.

◢ 2페이지 템플릿을 변경해 볼게요.

❶닭 요소와 텍스트를 클릭해서 [DELETE] 키를 눌러 삭제해 주세요. ❷템플릿에 있는 텍스트를 더블 클릭한 후 자신의 정보로 수정해 주세요.

1페이지에 있는 ❸로고를 클릭한 후 [Ctrl+C]를 눌러 복사한 다음, ❹2페이지에 [Ctrl+V]로 붙여 넣기 해주세요.

❺2페이지에 있는 모든 요소의 색상을 흰색으로 바꿀 거예요. [Ctrl+A]로 모든 요소를 선택한 후 ❻색상을 클릭하고 기본 팔레트에서 ❼흰색을 선택해 주세요.

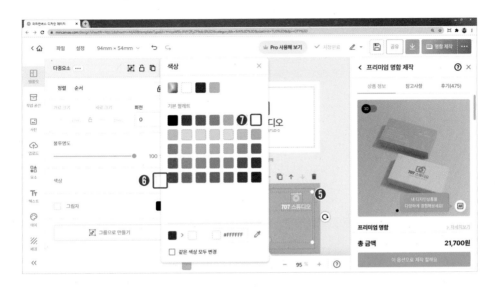

이번에는 명함의 배경색을 바꿀 거예요. 작업페이지 하단의 ❽배경색상을 클릭한 후 색 상 팔레트에서 ❾#0B540E 색상을 클릭해 주세요.

⑤ 마지막으로 파일을 저장하고 다운로드할 거예요. ❶'제목을 입력해주세요.'에 파일명을 '707명함'으로 변경한 후 저장하기 아이콘을 클릭해 주세요. ❷[다운로드] 버튼을 클릭한 후 사이즈를 확인하고, ❸[이 사이즈로 다운로드] 버튼을 선택합니다. [인쇄용] 탭에 있는 ❹[PDF] 파일 형식을 선택하고, ❺[다운로드] 버튼을 클릭해 주세요.

인쇄용은 JPG보다는 PDF로 내려받는 것을 추천해요. JPG 형식의 고품질 이미지도 인쇄용 포맷으로 사용하지만, 비트맵 방식으로 확대 시 이미지가 깨질 수 있기 때문에 확대 시에도 변형이 없는 백터 방식인 PDF 포맷을 추천드려요.

명함 제작을 맡기려면 [명함 제작] 버튼을 클릭한 후 비즈하우스에 인쇄를 맡기는 것을 추천해요(255쪽(디자인 작업 인쇄 맡기기) 참고). 우선 이미지 파일을 다운로드해서 가정이나 사무실에서 프린터로 인쇄해 보세요.

3.8 　선생님도 한다! 온라인 수업 영상 만들기

코로나19로 인해 최근 온라인 수업이 일상이 되었습니다. 그로 인해 선생님들이 온라인 수업을 준비할 때 미리캔버스의 도움을 많이 받고 있어요. 미리캔버스로 쉽고 빠르면서도 퀄리티 있게 온라인 영상 만들어 보세요.

동영상 강의

https://youtu.be/j-TMHhI3M1I

온라인 수업 영상이란?

온라인 수업 영상이란 학교가 아닌 가정에서 온라인으로 수업을 들을 때 사용하는 영상을 말합니다. 학교에서뿐만 아니라, 학원, 온라인 강의를 하는 강사도 온라인 수업 영상을 제작하고 있어요.

온라인 수업 영상 만들기

미리캔버스의 프레젠테이션 템플릿과 네이버 클로바더빙 서비스를 이용해서 온라인 수업 영상을 만들 수 있어요. 이번 예제에서는 미리캔버스에서 제공하는 온라인 수업 예절 템플릿을 약간만 수정해서 PDF 프레젠테이션 파일을 만들고 거기에 클로바더빙으로 소리를 입히는 방법을 살펴볼 거예요.

1 온라인 수업 영상을 만들려면 워크스페이스 오른쪽 상단의 ❶[디자인 만들기]를 클릭한 후 ❷[웹용]–[프레젠테이션]을 선택합니다.

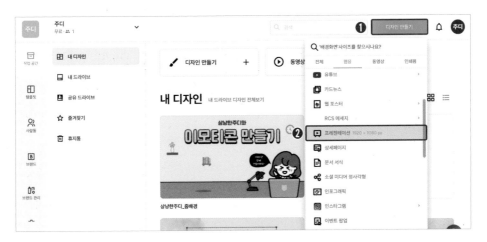

2 왼쪽 메뉴의 ❶템플릿을 선택하고 검색창에서 ❷'온라인수업예절'로 검색한 후 ❸'온라인 수업 예절 안내' 템플릿을 클릭합니다.

- **템플릿 이름**: 노란색과 하늘색 채팅방 컨셉의 수업 예절 프레젠테이션 By bdkang

- **템플릿 주소**: https://url.kr/m47id3

- **완성 페이지 주소**: https://www.miricanvas.com/v/1t1cc0

3 [이 템플릿으로 덮어쓰기] 버튼을 클릭해 주세요.

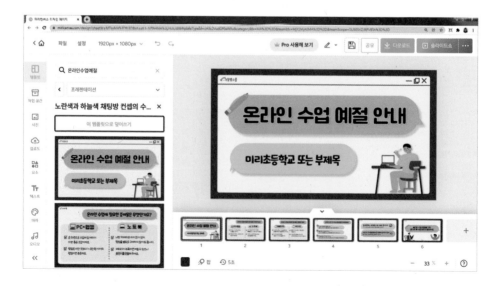

4 수정할 텍스트를 더블 클릭한 후 수정하고, 작업 페이지 왼쪽 상단의 '참쌤스쿨' 로고도 [DELETE] 키로 삭제해 주세요. 이미지도 교체하고 싶은 이미지로 교체하면 돼요.

5 온라인 수업 프레젠테이션이 완성되었으면 **①**'제목을 입력해주세요.'에 파일명을 '온라인 수업예절'로 변경한 후 저장하기 아이콘을 클릭해 주세요. **②**[다운로드] 버튼을 클릭한 후 **③**[웹용]–[PDF] 파일 형식을 선택하고 **④**[고해상도 다운로드] 버튼을 클릭해 주세요.

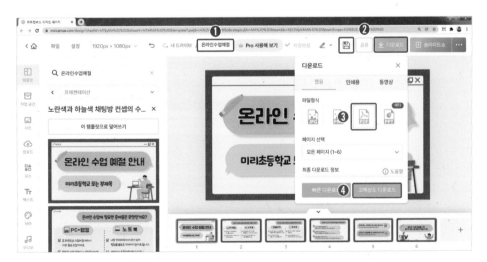

6 이제 클로바더빙을 이용해 앞에서 만든 PDF 파일에 소리를 넣어볼게요.

https://clovadubbing.naver.com/에 접속해 주세요. 그러면 다음과 같은 페이지가 나타나는데, 중앙의 [무료로 시작하기] 버튼을 클릭하세요. 이 프로그램은 네이버 아이디로 로그인해야 사용할 수 있기 때문에 버튼을 누르면 네이버 로그인 페이지로 연결될 거예요.

7 네이버 아이디로 로그인하면 다음과 같은 페이지로 넘어갑니다. [내 프로젝트]에서 [새 프로젝트 생성] 위의 [+]를 클릭하세요.

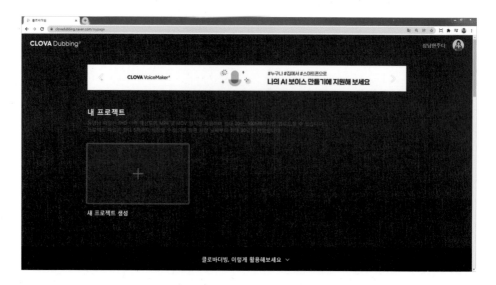

8 프로젝트명을 '온라인예절수업'으로 입력한 후 [생성] 버튼을 클릭하세요.

9 [PDF/이미지 추가] 버튼을 클릭한 후 미리캔버스에서 만든 PDF 파일을 업로드해 주세요.

🔟 PDF 파일이 업로드되면 다음 그림처럼 나와요. 그리고 나서 오른쪽 상단 [전체보이스]를 클릭하세요.

11 [보이스 설정]에서는 보이스를 설정할 수 있어요. 카테고리별로 검색하거나 필터로 검색할 수 있고 목소리 이름 옆의 재생 버튼으로 미리 듣기를 할 수 있어요. 여러 목소리를 들어보고 마음에 드는 목소리는 별표를 눌러 즐겨찾기 해서 사용하세요. 보이스는 5개까지 설정해서 사용할 수 있어요. 마음에 드는 목소리를 선택하세요. 목소리를 선택한 후에는 [편집화면으로 돌아가기]를 클릭해주세요.

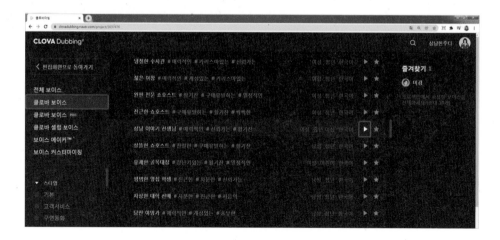

⓬ [더빙 추가] 섹션의 '더빙할 내용을 입력해 주세요'라고 쓰여 있는 텍스트 박스에 ❶'온라인 수업 예절 안내'라고 적고 ❷미리 듣기로 확인한 후 ❸[+ 더빙 추가] 버튼을 클릭하면 타임라인 아래 ❹내용이 들어가요. 각 프레젠테이션 페이지에 있는 내용을 입력한 후 미리 듣기 해보고 [+ 더빙 추가] 버튼으로 추가하여 음성 더빙을 만들어요.

⓭ 더빙 길이에 맞게 타임라인의 영상 끝을 커서로 드래그해서 늘릴 수 있어요.

14 영상에 들어갈 내용을 다 입력했으면 [다운로드] 버튼을 클릭하세요.

15 주의사항 안내를 확인하세요.

※ 주의사항 클로바더빙을 활용한 콘텐츠는 출처 표기와 함께 무료 채널에 게시하는 용도로 사용할 수 있습니 다. 상업적으로 사용하려면 NAVER CLOUD CLOVA Dubbing을 사용해 주세요.

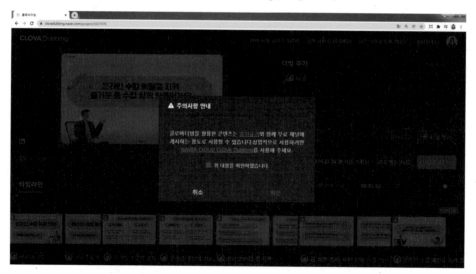

16 [영상 파일]을 클릭하여 영상을 내려받으세요.

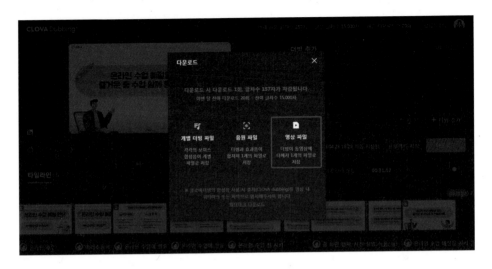

17 온라인 수업 영상이 완성되었습니다.

학교 선생님들께는 미리캔버스 에듀를 신청하여 사용해보길 권해드려요.

교육부 인가를 받은 대한민국 소재의 초중고 및 대학교는 '미리캔버스 에듀'를 신청하면 무료로 사용할 수 있습니다.

https://www.miricanvas.com/v/1wym22 페이지 참고

3.9 디자이너가 아니어도 한다! 온라인 배너 만들기

온라인 창업 진입이 쉬워지면서 많은 사람이 온라인 쇼핑몰을 창업하고 있어요. 쇼핑몰 운영 시 필요한 것 중 하나가 쇼핑몰 디자인인데, 미리캔버스를 이용하면 디자이너가 아닌 초보자도 쉽게 쇼핑몰을 디자인 할 수 있어요.

동영상 강의

https://youtu.be/YbOfI_PlYrc

온라인 배너란?

온라인 배너는 웹 서핑 중이나 온라인 글을 읽을 때 흔히 볼 수 있는 온라인 광고를 말해요. 짧은 시간 안에 눈에 띄는 광고가 클릭할 확률이 높겠죠? 시선을 사로잡는 디자인은 역동적이고 재미있는 이미지 혹은 포인트 컬러로 시각적인 주목도를 높이는 것도 좋아요. 미리캔버스를 통해 클릭을 부르는 온라인 배너를 만들어 볼까요?

온라인 배너 만들기

온라인 배너는 각 사이트의 정책에 따라 사이즈가 달라요. 고정된 사이즈가 있으면 직접 사이즈를 입력해서 만들 수도 있지만, 여기서는 미리캔버스 웹 배너 사이즈로 만들어 볼게요.

1 온라인 배너를 만들려면 미리캔버스에 로그인하고, 워크스페이스 오른쪽 상단의 **❶**[디자인 만들기]를 클릭한 다음 **❷**[웹용]−[웹 배너]−[가로형]을 선택합니다.

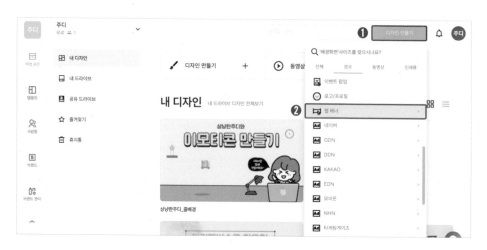

2 ❶템플릿을 선택하고 ❷검색창에서 '추석 선물세트'로 검색한 후 ❸'추석선물 사전예약 신청!' 템플릿을 클릭해 주세요. 디자인 적용 방식 선택은 맞추기로 놔두면 됩니다.

- **템플릿 이름**: 차분한 톤의 추석선물 현수막 현수막 가로 현수막형(1/10) By jej2821

- **템플릿 주소**: https://url.kr/fys59t

- **완성 페이지 주소**: https://www.miricanvas.com/v/1ppekk

3 우선 텍스트를 수정할게요. ❶'추석선물 사전예약 신청!' 텍스트를 더블 클릭한 후 '설날 맞이 선물세트 기획전'으로 변경하고, ❷'9월 추석연휴! 미리백화점' 텍스트도 '새해 복 많이 받으세요!'로 수정해주세요. ❸남은 텍스트도 '사전 예약 기간: 01. 24(월) ~ 01. 28(금)'으로 변경해 주세요.

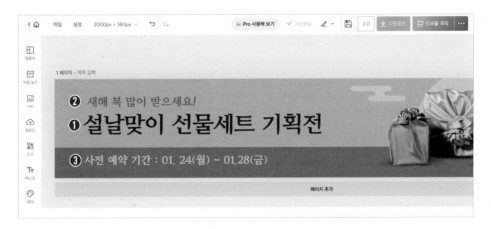

4 텍스트 수정만으로도 배너를 완성할 수 있지만, 배경을 조금 바꿔볼게요. **①**배경 메뉴에서 **②**'화선지 먹'으로 검색한 후 **③**마음에 드는 한지 이미지를 클릭해 주세요.

5 하단의 사각형 색상도 변경해 볼게요. 하단 사각형 클릭한 후 색상을 #8C3321로 변경해 주세요.

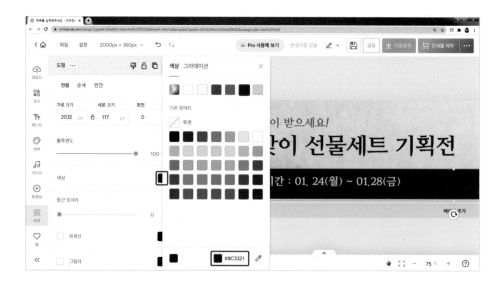

6 이번에는 배경 이미지 부분을 수정해 볼게요. 배경의 달 부분을 클릭한 후 왼쪽 필터에서 마음에 드는 필터로 선택하세요. 저는 [차분한] 필터를 선택했어요.

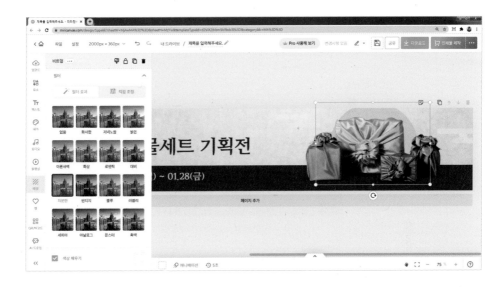

7 이미지도 수정해 볼게요. ❶사진 메뉴에서 ❷'명절 선물세트'로 검색한 후 어울리는 사진을 골라서 놓으세요. 저는 2개의 이미지를 골라서 가져다 놓았어요.

8 이미지에 약간의 그림자 효과를 주기 위해 선물세트 이미지를 클릭해 주세요. 필터 아래쪽 [그림자]의 체크 박스에 체크한 후 불투명도와 거리 등을 조절해 주세요. 옆에 있는 선물세트 이미지도 같은 방법으로 그림자 효과를 주세요.

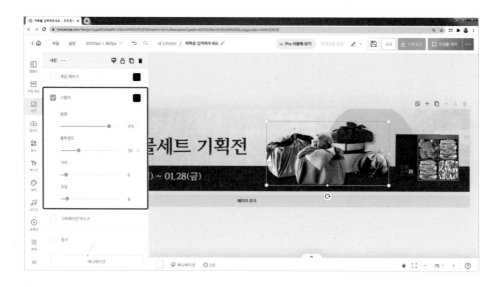

9 온라인 배너가 완성되었으니 파일로 저장하고 내려받아 활용하세요. ❶'제목을 입력해 주세요.'에 파일명을 '온라인배너'로 변경하고 저장하기 버튼을 클릭해 주세요. ❷[다운로드] 버튼을 클릭한 후 ❸[웹용]−[PNG] 파일 형식을 선택하고 ❹[빠른 다운로드] 버튼을 클릭해 주세요.

04장

웹디자이너의
미리캔버스 활용 꿀팁

이번 시간에는 포토샵으로 만들 수 있었던 홈페이지형 블로그 디자인을 미리캔버스를 활용해 만드는 방법을 알려드릴게요.

4.1 홈페이지형 블로그 만들기

예전에는 자체적인 회사 소개 홈페이지를 많이 사용했지만, 요즘에는 관공서, 병원, 사업주, 1인 기업 등에서 블로그를 홈페이지처럼 꾸민 브랜딩 블로그를 만들어 활용하는 경우도 많아요. 그리고 신뢰 가는 블로그를 만들고 싶은 개인도 홈페이지형 블로그를 많이 활용해요.

홈페이지형 블로그란?

홈페이지는 월드와이드웹(WWW)의 초기 화면 웹 페이지를 말하는데, 링크를 통해 클릭한 페이지로 이동이 가능해요. 그리고 블로그는 웹(web)과 로그(log)의 줄임 말로, 자신의 관심사에 따라 자유롭게 칼럼, 일기 등을 기록하는 것을 말해요. [2]

그리고 홈페이지형 블로그란 홈페이지 느낌이 나도록 스킨을 만들어 블로그에서 제공하는 위젯으로 클릭할 수 있게 만든 블로그예요. 모바일 환경에서는 홈페이지형 블로그를 사용할 수 없고, PC에서만 홈페이지형 블로그로 보여요.

블로그 위젯을 사용한 속초시(왼쪽)와 안양시(오른쪽) 공식 블로그

---

2 출처: 네이버지식백과

상냥한주디 홈페이지형 블로그

홈페이지형 블로그를 디자인하기 전 준비사항

저는 주로 포토샵을 이용해 홈페이지형 블로그를 디자인했어요. 하지만 포토샵은 유료 프로그램이고, 일반인이 사용하기에는 사용법이 어려워요. 이 책에서는 제가 준비한 자료와 미리캔버스를 이용해 쉽게 디자인하는 방법을 알려드릴게요.

블로그 메뉴 5가지 정하기

홈페이지형 블로그를 만들 때 5가지 메뉴에 링크를 걸 수 있어요. 메뉴는 블로그 위젯을 이용해 만들 수 있는데, 블로그에서 제공하는 기본 위젯 5개가 들어갈 수 있어요. 그래서 홈페이지형 블로그를 보면 5개의 메뉴가 있는 것을 볼 수 있을 거예요. 여기서는 기본 메뉴 5개의 홈페이지형 블로그를 만들 거예요. 따라서 먼저 5가지 메뉴를 생각해야 해요.

블로그를 처음 하는 분이라면 5가지 메뉴의 카테고리를 만들어서 등록해야 하고 블로그를 사용하던 분이라면 사용하는 카테고리 메뉴 중 5가지를 정하면 돼요. 하지만 블로그 카테고리 메뉴를 5개 고르지 않고, 따로 운영하는 SNS로 이동되게 만들려면 블로그 카테고리 메뉴 4개와 SNS 혹은 이동하고 싶은 메뉴 1개로 정해도 돼요.

여기서는 아래처럼 블로그 카테고리 메뉴 4개와 인스타로 링크되는 메뉴 1개로 정해 만들어 볼게요.

자료 내려받기

우선 실습을 위해 이 책의 도서 페이지에서 예제 파일을 내려받으세요.

https://wikibook.co.kr/mcnjr/

예제에 있는 파일은 왼쪽과 같이 2개예요. '위젯소스.txt'는 텍스트 파일이고 'main_bg.png'는 이미지 파일입니다.

미리캔버스를 이용해 홈페이지형 블로그 스킨 만들기

홈페이지형 블로그 스킨 사이즈는 가로×세로가 1920px×620px입니다. 가로 사이즈를 크게 하는 이유는 모니터 해상도가 큰 경우를 생각해서 충분히 크게 제작하는 거예요. 세로 길이는 딱히 정해지지 않았지만, 여기서는 컴퓨터 화면에 적당히 맞게 620px로 디자인할 거예요. 그럼 이제부터 미리캔버스에서 홈페이지형 블로그 스킨 만들어 볼게요.

블로그 배경 디자인

이번 예제를 따라 할 때는 미리캔버스에 저자가 공유해둔 이미지 파일을 복사해서 사용하세요.

　　공유 파일을 복제하는 방법은 PART4 231쪽(미리캔버스 공유) 참고

- https://www.miricanvas.com/v/1pos1u

- 공유 파일을 복제해서 따라할 분들은 ⑤번부터 실습을 따라하면 됩니다.

❶ 홈페이지형 블로그 스킨은 워크스페이스 오른쪽 상단의 ❶[디자인 만들기]를 클릭한 후 ❷[웹용]–[직접 입력]을 선택해 직접 사이즈를 입력해 줍니다. 가로 1920, 세로 620이라고 입력한 후 ❸[새 디자인 만들기] 버튼을 클릭해 주세요.

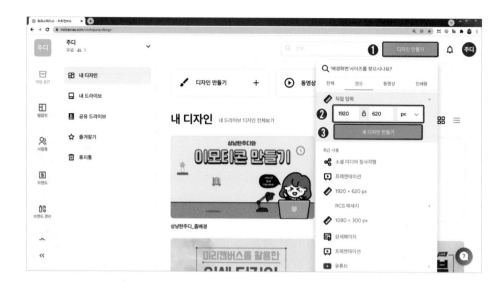

2 ❶왼쪽 [업로드] 메뉴를 클릭한 후 ❷[업로드]를 누르고 앞에서 내려받은 main_bg.png 파일을 불러오세요. ❸불러온 주황색 이미지를 클릭해 주세요.

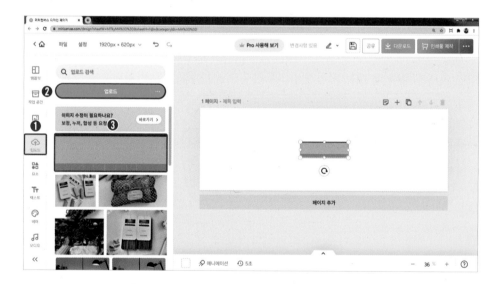

③ 불러온 주황색 이미지는 저자의 블로그 백그라운드로 활용한 이미지예요. 이 이미지를 활용해서 블로그 스킨 디자인을 만드는 방법을 알려드릴게요. 이 주황색 이미지의 대각 선 동그라미에 마우스 커서를 가져다 대면 검은색 화살표가 나올 거예요. 대각선 양쪽을 당겨 이미지를 작업 페이지에 꽉 차게 만들어 주세요.

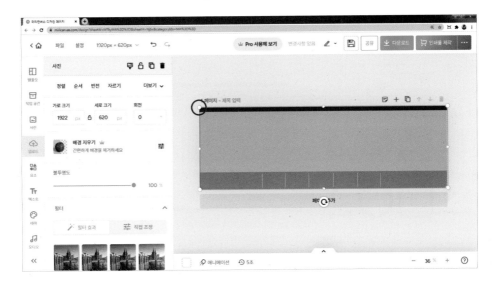

④ 이 이미지를 밑그림으로 사용할 거라서 밑그림이 움직이지 않게 고정해줄 거예요. 방법 은 간단해요. 작업 페이지 왼쪽 상단의 자물쇠 아이콘(🔒)을 클릭하면 돼요.

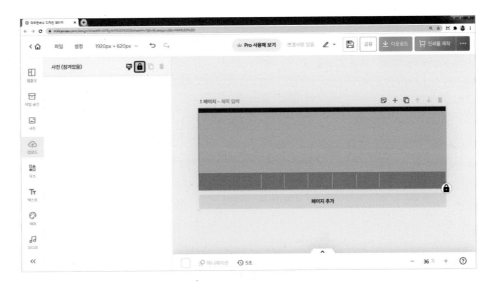

5 이제 본격적으로 밑그림에 블로그 스킨 배경을 만드는 방법을 알려드릴게요. **❶**왼쪽 [요소] 메뉴를 클릭한 후 **❷**[도형]-[기본 도형]에서 **❸**사각형을 클릭해 주세요. 그러면 작업 페이지에 사각형이 나올 거예요.

6 이 사각형을 블로그 스킨의 맨 아래 배경으로 만들 거예요. 사각형을 마우스 커서로 늘려서 배경을 꽉 채워주세요. 그리고 색상을 원하는 색으로 바꿔주세요. 이 책에서는 #FFE3FE를 선택했어요.

7 밑그림이 보여야 하기에 사각형을 선택한 상태에서 ❶왼쪽의 불투명도를 밑그림이 보일 정도로 조절해주세요. 여기서는 불투명도를 30%로 설정했어요. 그리고 이 도형 위에 다른 요소를 올릴 거라서 이 도형도 ❷자물쇠 아이콘을 클릭해 잠금을 설정해 주세요.

8 이번에 상단의 빨간색 부분에 대고 도형을 그려줄 거예요. 상단의 빨간색은 네이버 블로그의 기본 메뉴가 나오는 부분이에요. 메뉴 부분을 구분하기 위해 다른 색으로 영역을 만들려고 해요.

앞에서처럼 ❶왼쪽 [요소] 메뉴를 클릭한 후 ❷[도형]–[기본 도형] 중 ❸사각형을 클릭해 주세요. 그리고 도형을 상단 빨간색 밑그림을 따라 채워주고, 색도 원하는 색으로 바꿔 주세요. 저는 #440A67로 변경했어요.

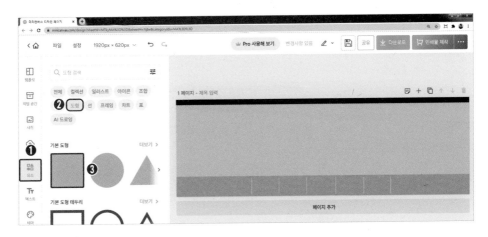

9 이번엔 하단의 메뉴 부분에 도형을 가져다 놓을 거예요.

여기서도 역시 앞에서처럼 **①**왼쪽 [요소] 메뉴를 클릭한 후 **②**[도형]-[기본 도형] 중 **③** 사각형을 클릭해 주세요. 그리고 도형을 하단 메뉴 부분에 채우고, 색도 원하는 색으로 바꿔주세요. 저는 #93329E 색상으로 변경해 주었어요.

10 **①**메뉴 바 부분도 밑그림을 대고 그려야 해서 [불투명도]를 밑그림이 보이는 정도로 조절해 주세요. 저는 20%로 조절했어요. 그리고 **②**자물쇠 아이콘을 클릭해 잠금을 설정해 주세요.

11 밑그림에 보이는 흰색 선 6개는 5개의 메뉴를 구분하는 선이에요. 이 선을 만들어 볼게요. **❶**[요소] 메뉴를 클릭한 후 **❷**[선]-[실선] 중 **❸**마음에 드는 선을 클릭해 주세요. 색을 원하는 색으로 바꿔주세요. 저는 흰색으로 변경했어요.

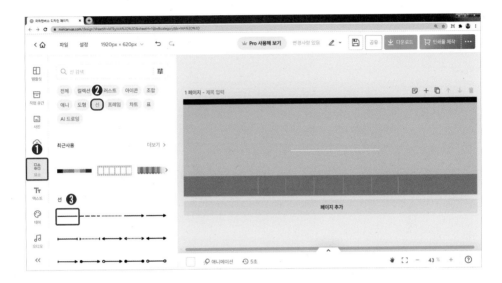

12 선을 커서로 메뉴 바 크기만큼 줄인 후 회전해서 직선으로 세워주세요.

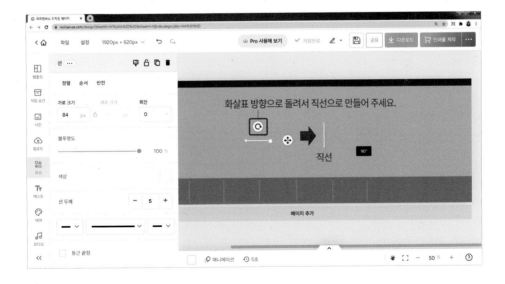

13 세로로 세운 직선을 밑그림 위에 올려주세요. 그다음 선을 클릭한 후 [Ctrl+D]를 눌러 요소를 복제해서 두 번째 선도 밑그림 위에 올려주세요.

14 드래그로 두 선을 한꺼번에 선택하고 [Ctrl+D]를 누르면 요소가 두 개씩 복사되어 작업 속도를 높일 수 있어요. 밑그림에 있는 6개의 선 위에 직선 요소를 올려놓습니다.

⑮ 위에서 불투명도를 조절한 요소들을 클릭한 후 잠금을 해제하고(잠금이 설정돼 있으면 속성을 변경할 수 없어요.) 불투명도를 100%로 바꿔주세요. 그리고 다시 잠금을 설정해 주세요(🖊번, 🔟번 참고).

이 요소들은 블로그 스킨의 백그라운드로 사용할 것이므로 잠금을 통해 움직이지 않게 해 놓고 본격적인 꾸미기에 들어갈 거예요.

블로그 메인 디자인하기

❶ 저는 블로그 상단에 제 프로필 일러스트 이미지를 넣고, '책과 함께 성장하는 상냥한주디의 꿈꾸는 작업실'이라고 타이틀을 넣었어요. 본인의 블로그 콘셉트와 맞는 문구와 이미지를 생각해 보고 꾸미면 좋을 것 같아요. 먼저 제 강의를 듣고 만들었던 분들의 블로그 스킨을 보여 드릴게요.

2 앞의 홈페이지형 블로그 완성 작품을 보면 양옆에 빈 공간을 두고 가운데 이미지 꾸미기가 들어갔다는 것을 알 수 있어요. 가로 사이즈는 컴퓨터 해상도를 고려해 1920px로 작업하지만, 모니터가 작은 PC나 노트북에서는 양옆의 이미지가 잘려 보일 수 있어요. 그래서 꾸밈 이미지는 되도록 5개의 메뉴 바 안쪽(다음 그림의 **빨간색 가이드선 안쪽**)으로 작업하는 게 좋아요.

❶상단 메뉴에서 [설정]을 클릭하고 ❷눈금자 보기(Ctrl+Alt+R)를 활성화하면 캔버스 왼쪽과 위쪽에 눈금자가 나타납니다. ❸눈금자 끝에 마우스 커서를 가져다 대면 화살표가 나오는데 클릭 후 잡아당기면 가이드 선을 원하는 곳에 그릴 수 있어요. 이를 잡아당겨서 ❹, ❺번에 가이드선을 그려주세요.

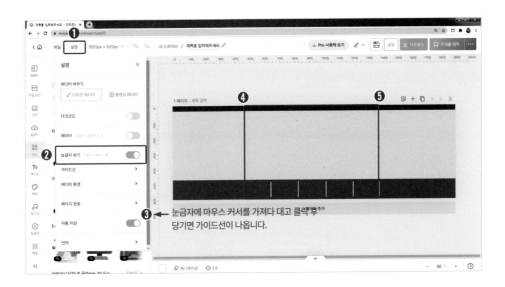

3 여기서는 체험단을 위한 리뷰 블로거를 콘셉트로 만들어 볼 거예요. **❶**[요소] 메뉴를 클릭한 후 **❷**[일러스트]를 선택하고 **❸**사람, 여자, 상반신, 핸드폰으로 검색해요. 여러 가지 키워드를 한 번에 검색하고자 할 때는 각 키워드를 띄어쓰기로 구분해서 검색할 수 있어요. 검색 결과 중 저는 **❹**연보라색 이미지를 선택했어요.

❹번 이미지에서 점 세 개를 누르면 이미지의 키워드가 나와요. 저 키워드를 검색했을 때 저 이미지가 나온다는 것이니 요소를 검색할 때 참고하세요.

4 상단 메뉴의 [설정]-[레이어]를 눌러 레이어 창을 활성화한 후(단축키 [Ctrl+Shift+Y]) 맨 위에 있는 여자 일러스트 레이어를 메뉴 도형 아래로 드래그해서 내려주세요(223쪽 레이어 활용으로 작업 속도 높이기 참고). 그래야 이미지가 깔끔하게 메뉴 도형에 가려져요.

5 이번에는 텍스트를 넣을 거예요. 그냥 단순 텍스트만 추가해서 넣어도 되지만, 텍스트를 쉽게 꾸미는 방법을 알려드릴게요. ❶[텍스트] 메뉴를 클릭한 후 ❷[스타일]-❸[로고/타이틀]-[더보기 >]를 클릭한 후 ❹'입력하세요' 스타일을 선택하고, 크기를 알맞게 줄여서 적당한 위치에 놓아주세요.

6 이번에는 텍스트를 수정할 거예요. 스타일에서 가져온 텍스트는 요소들을 조합해서 꾸며 놓은 거예요. 그래서 모두 그룹화되어 있어요. 그룹화되어 있는 요소는 편집할 때 불편할 수 있기에 그룹을 해제할게요. 그룹 아이콘(▦)을 클릭하거나 단축키 [Ctrl+Shift+G](그룹 해제)를 누르세요.

7 '여기에 제목을' 텍스트를 더블 클릭한 후 '꿀팁을 나누는'으로 변경해 주세요. 본인의 콘셉트에 맞는 문구를 넣어주세요. '입력하세요.' 텍스트를 더블 클릭한 후 '친절한 리뷰'라고 변경해 주세요. 나머지 작은 텍스트들도 변경하고, 텍스트 색상도 어울리는 색으로 수정해 주세요.

블로그 메뉴 디자인하기

이제 메뉴 부분을 꾸밀 거예요. 준비사항에서 5가지 메뉴를 정하라고 했었죠? 예제의 블로그는 리뷰를 전문으로 할 블로그라서 다음과 같이 정했어요.

1. 솔직한 리뷰
2. 소소한 일상
3. 취미생활
4. 똑똑한 정보
5. 인스타그램

메뉴가 준비되었으면 만들어 볼까요?

1 ❶[요소] 메뉴를 클릭한 후 ❷[일러스트]를 선택하고 ❸검색창에서 '리뷰 아이콘 노트'를 검색합니다. 결과 중 ❹어울리는 아이콘을 클릭한 후 아이콘 크기를 줄이고 첫 번째 메뉴 자리에 가져다 놓으세요.

2 이번엔 일러스트의 색을 바꿔볼게요. **❶**색상 오른쪽에 있는 색상 팔레트를 클릭한 다음 **❷**흰색을 선택해 주세요.

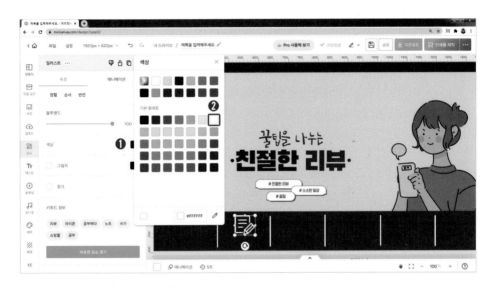

3 아이콘 아래에 글자를 넣어볼게요. **❶**[텍스트] 메뉴를 클릭한 후 **❷**[스타일]–**❸**[본문 텍스트]를 클릭해 주세요. 그리고 텍스트를 '솔직한 리뷰'로 변경하고 텍스트 색도 흰색으로 바꿔주세요. 그럼 메뉴 하나가 완성됩니다.

4 이번에는 두 번째 메뉴를 만들어 볼게요. 아이콘과 텍스트를 한꺼번에 선택한 후(아이콘 클릭+Shift 키+텍스트 클릭) [Ctrl+D](요소 복제)를 눌러 복제한 후 2번째 메뉴에 가져다 놓으세요.

복제한 두 번째 메뉴에서 아이콘은 클릭해서 삭제하고, 1번 메뉴의 아이콘을 찾은 것처럼 ❶[요소] 메뉴를 클릭한 후 ❷[일러스트]를 선택하고 ❸라인, 카페, 커피, 단순함을 검색하여 ❹어울릴 만한 아이콘을 선택합니다. 아이콘 크기를 조절하고 색상도 흰색으로 바꿔주세요. 그리고 텍스트는 '소소한 일상'으로 변경해 주세요. 2번째 메뉴까지 완성되었습니다.

5 세 번째 메뉴를 만들어 볼까요? 앞에서처럼 메뉴 2의 아이콘과 텍스트를 복제해서 세 번째 메뉴에 가져다 두세요. 아이콘은 클릭하여 삭제하고 ❶[요소]-❷[일러스트]를 선택한 후 ❸취미, 아이콘, 털실을 검색해 ❹어울릴 만한 아이콘을 선택하여 넣어줍니다. 텍스트는 '취미생활'로 변경해 주세요. 그럼 세 번째 메뉴까지 완성되었습니다.

6 네 번째 메뉴도 같은 방식으로 하되, ❶홍보, 확성기로 검색하여 ❷아이콘을 선택해 사용합니다. 텍스트는 '똑똑한 정보'로 변경해 주세요. 이렇게 네 번째 메뉴까지 완성되었습니다.

7 마지막으로 다섯 번째 메뉴를 만들어 볼게요. 앞에서 했던 것처럼 다른 메뉴를 복제한 후 이번에는 ❶인스타그램, 아이콘으로 요소를 검색한 후 ❷어울릴 만한 아이콘을 선택해서 넣어줍니다. 그리고 텍스트는 '인스타그램'으로 변경해 주세요. 다섯 번째 메뉴까지 모두 완성되었습니다.

8 이렇게 해서 다음 그림처럼 홈페이지형 블로그 디자인이 완성되었어요(본인의 콘셉트에 맞게 잘 수정해서 활용하세요).

9 이 파일을 다운로드해서 블로그에 적용해 보겠습니다. **❶**'제목을 입력해주세요.'에 파일명을 '블로그스킨'으로 입력한 후 저장하기 아이콘을 클릭해 주세요. **❷**[다운로드] 버튼을 클릭해 주세요. **❸**[웹용]–[PNG] 파일 형식을 선택한 후 **❹**[고해상도 다운로드] 버튼을 클릭해 주세요.

블로그 메인 이미지는 PC 화면에 넣을 이미지이므로 고해상도로 내려받는 것이 선명도가 좋아요.

네이버 블로그 스킨 적용하기

미리캔버스에서 블로그 스킨을 다 만들었으니 이제 블로그 스킨을 블로그에 적용해 볼게요. 블로그 스킨은 PC에서 적용할 수 있어요. 네이버 아이디가 있으면 블로그는 생성되어 있어요. 네이버 아이디가 없는 분은 네이버 회원가입 후 블로그를 생성한 후 따라해 주세요.

스킨 배경 이미지 등록하기

우선 블로그에 로그인해 주세요. 운영 중인 블로그가 있는 분은 필요한 데이터를 백업한 후에 따라해 주세요. 자신의 블로그로 들어가 [관리]를 클릭하거나 초기화된 블로그라면 다음을 따라하세요.

1 자신의 블로그에 들어가 주세요. **❶**오른쪽 상단의 [내 메뉴]를 클릭한 후 **❷**[관리]를 클릭해서 들어가세요.

2 **❶**[꾸미기 설정]으로 가세요. **❷**[스킨 선택]에서 **❸**스크롤 바를 맨 아래까지 내린 후 **❹**두 번째 페이지로 이동해요. 두 번째 페이지 맨 아래에 있는 **❺**[베이직] 콤보박스를 선택해 주세요. 그리고 **❻**[스킨 적용] 버튼을 눌러 주세요. 그러면 **❼**"스킨이 적용되었습니다. 내 블로그에서 확인하시겠습니까?"라는 팝업 창이 나오는데, **❽**[확인] 버튼을 클릭해 주세요.

③ 이제 블로그 스킨이 베이직 스킨으로 바뀌었어요. 이 상태에서 앞에서 우리가 만든 이미지를 적용해 볼게요. 화면 오른쪽 상단의 **❶**[내메뉴]를 클릭하고 **❷**[세부 디자인 설정]을 선택합니다.

④ 그러면 [리모콘]이 나오는데, 이 리모콘으로 블로그 디자인 꾸미기를 할 수 있어요. **❶** [스킨배경]에서 [디자인]-**❷**[직접등록]을 선택해 주세요. 그리고 **❸**[파일 등록]을 클릭한 후 앞에서 작업한 블로그 스킨 이미지를 불러와요. 그러면 다음 그림처럼 '블로그스킨.png'가 보일 거예요.

다음으로, ❹[타이틀]을 클릭한 후 [블로그 제목] 옆 ❺[표시] 앞에 체크 표시를 해제하세요. 저희는 이미지에 텍스트를 넣었기에 블로그 제목에 체크하면 이미지가 가려질 수 있으므로 텍스트 제목이 나오지 않도록 체크 표시를 해제하고, ❻[영역 높이]는 370으로 수정해 주세요.

그다음, ❼[네이버 메뉴]를 클릭하세요. ❽[디자인]에서 내 블로그에 어울리는 메뉴를 선택하세요. ❾하단에 있는 [내용색]은 자신이 사용할 블로그 기본 메뉴에 어울리는 색으로 선택하세요. 여기서는 흰색으로 선택했어요.

이번에는 ⑩[블로그 메뉴]를 클릭하세요. [디자인]의 [컬러]에서 ⑪테두리를 사용하지 않음으로 선택하고, ⑫폰트도 어울리는 폰트 색으로 선택하세요. 예제에서는 기본색-보라색, 강조색-파란색을 선택했어요. ⑬전체 [적용] 버튼을 클릭해 주세요.

[적용] 버튼을 누르면 "현재 디자인을 적용하시겠습니까?"라는 메시지와 함께 [세부 디자인 적용] 팝업 창이 떠요.

[적용] 버튼을 클릭하면 변경된 블로그 스킨이 나와요. 그런데 이미지와 텍스트가 겹쳐 나오는 것을 볼 수 있어요. 이것은 아직 위젯 메뉴를 만들지 않아서 그래요. 위젯 메뉴를 만들어서 링크를 걸면 제대로 나올 거예요.

블로그 위젯 개념 이해하기

위젯이란 웹 브라우저를 통하지 않고 날씨·달력, 지도, 카운터, 시계, 환율 등 각종 기능을 바로 이용할 수 있도록 만들어 놓은 미니 애플리케이션이에요. 네이버 블로그의 위젯은 블로그에 등록하여 필요한 정보를 이용할 수 있으며, 가로 위젯은 5개까지 넣을 수 있어요.

다시 ❶[내메뉴]—❷[관리]로 들어간 후 ❸[꾸미기 설정]—❹[레이아웃·위젯 설정]으로 가요. 그러면 위젯을 설정할 수 있는 화면이 나와요.

다음과 같은 화면이 나올 텐데, 맨 아래에 나타나는 위젯의 종류는 각자 다를 수 있어요. 오른쪽 메뉴에서 위젯 사용 설정을 할 수 있고, 필요한 위젯을 만들 수도 있어요.

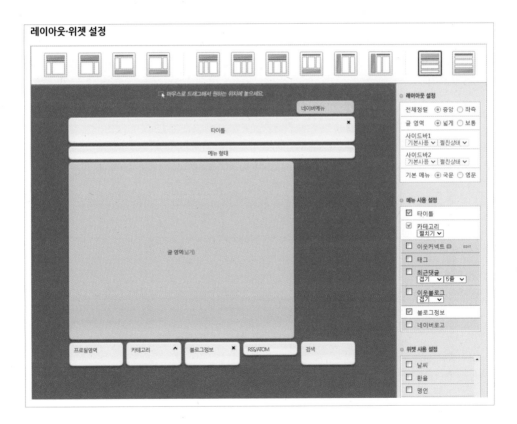

다음 그림은 네이버 블로그 위젯에 맞춰서 디자인한 상냥한주디 홈페이지형 블로그 디자인
이에요.

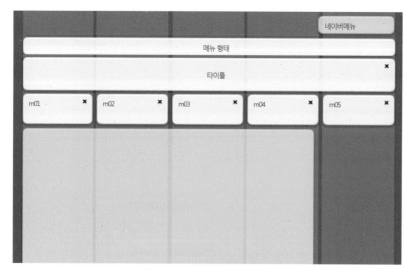

저는 위에 있는 m01, m02, m03, m04, m05 위젯을 만들어 블로그 메뉴에 링크를 걸어주
었는데요. 링크를 거는 방법과 링크의 개념을 알아본 후 위젯 메뉴를 만들어 볼게요.

링크 개념 이해하기

링크란 두 개의 프로그램을 결합하는 일 혹은 인터넷 홈페이지에서 지정하는 파일이나 문 자열로 이동할 수 있게 연결해 놓는 것을 말해요. 홈페이지에서 같은 홈페이지 내부로 연결 하는 것을 내부 링크라고 하고, 다른 홈페이지로 연결하는 것은 외부 링크라고 해요.

홈페이지형 블로그는 기본적으로 5개의 메뉴로 만든다고 했는데, 저는 3개의 메뉴(책리뷰, 블로그팁, 일상/취미)는 블로그 내 페이지로 연결되게 내부 링크를 걸었고, 2개의 메뉴는 블로그에 있는 페이지가 아닌 외부 페이지(1:1카카오톡, 인스타그램)로 연결되게 외부 링 크를 걸었어요.

예제의 메뉴에 연결할 링크 주소는 각 카테고리의 연결 주소예요. 이번에 만들 친절한 리뷰 블로그는 4개의 카테고리로 메뉴를 나눴고, 5번째 메뉴는 인스타로 연결하려고 해요. 아 직 카테고리를 만들지 못한 분은 자신의 블로그로 가서 카테고리 메뉴를 만들고 따라 해 주세요.

위젯에 넣을 소스 만들기

1 준비 단계에서 받았던 자료 중 '위젯소스.txt' 파일을 열어주세요.

2 다음 메모장에서 빨간색으로 표시한 부분만 수정하고, 파란색으로 표시한 부분은 내부 링크일 때는 _top, 외부 링크일 때는 _blank만 잘 구분하면 돼요. _top은 현재 윈도우 창에서 링크된 웹페이지를 열고, _balnk는 새로운 윈도우에서 링크된 웹페이지를 연다 는 뜻입니다.

상냥한 주디와 함께 홈페이지형 블로그 디자인 만들기

1번 메뉴 (위젯명 m01)
```
<img src="https://blogfiles.pstatic.net/MjAyMTAyMTRfMTg1/MDAxNjEzMjMzMjE1OTYw.a4PGGW-
wh0qUFpOR9ohOjJeHDExuy_HM2sLcugHgW_Bsg.WiQiQ2CnWpLSb1f7nsx6d07_rHLTKprSCa9a4PPyaMog.
PNG.melon104/transp.png?type=w3
" width="170px" height="160px" usemap="#m01" border="0" />
<map name="m01">
    <area shape="rect" coords="0,36,170,160" href="메뉴1링크주소" target="_top" />
</map>
```
2번 메뉴 (위젯명 m02)
```
<img src="https://blogfiles.pstatic.net/MjAyMTAyMTRfMTg1/MDAxNjEzMjMzMjE1OTYw.a4PGGW-
wh0qUFpOR9ohOjJeHDExuy_HM2sLcugHgW_Bsg.WiQiQ2CnWpLSb1f7nsx6d07_rHLTKprSCa9a4PPyaMog.
PNG.melon104/transp.png?type=w3
" width="170px" height="160px" usemap="#m02" border="0" />
<map name="m02">
    <area shape="rect" coords="0,36,170,160" href="메뉴2링크주소" target="_top" />
</map>
```
3번 메뉴 (위젯명 m03)
```
<img src="https://blogfiles.pstatic.net/MjAyMTAyMTRfMTg1/MDAxNjEzMjMzMjE1OTYw.a4PGGW-
wh0qUFpOR9ohOjJeHDExuy_HM2sLcugHgW_Bsg.WiQiQ2CnWpLSb1f7nsx6d07_rHLTKprSCa9a4PPyaMog.
PNG.melon104/transp.png?type=w3
" width="170px" height="160px" usemap="#m03" border="0" />
```

```
<map name="m03">
    <area shape="rect" coords="0,36,170,160" href="메뉴3링크주소" target="_top" />
</map>
# 4번 메뉴 ( 위젯명 m04 )
<img src="https://blogfiles.pstatic.net/MjAyMTAyMTRfMTg1/MDAxNjEzMjMzMjE1OTYw.a4PGGW-
wh0qUFpOR9ohOjJeHDExuy_HM2sLcugHgW_Bsg.WiQiQ2CnWpLSb1f7nsx6d07_rHLTKprSCa9a4PPyaMog.
PNG.melon104/transp.png?type=w3
" width="170px" height="160px" usemap="#m04" border="0" />
<map name="m04">
    <area shape="rect" coords="0,36,170,160" href="메뉴4링크주소" target="_top" />
</map>
# 5번 메뉴 ( 위젯명 m05 )
<img src="https://blogfiles.pstatic.net/MjAyMTAyMTRfMTg1/MDAxNjEzMjMzMjE1OTYw.a4PGGW-
wh0qUFpOR9ohOjJeHDExuy_HM2sLcugHgW_Bsg.WiQiQ2CnWpLSb1f7nsx6d07_rHLTKprSCa9a4PPyaMog.
PNG.melon104/transp.png?type=w3
" width="170px" height="160px" usemap="#m05" border="0" />
<map name="m05">
    <area shape="rect" coords="0,36,170,160" href="메뉴5 외부링크주소" target="_blank" />
</map>
```

3 그럼 '메뉴1링크주소'를 넣는 방법을 알려드릴게요. ❶[카테고리]에서 메뉴1에 넣을 카테고리에 마우스를 갖다 대고 오른쪽 버튼을 클릭한 후 ❷[링크 주소 복사]를 선택해 주세요. 그럼 카테고리의 링크 주소가 복사돼요.

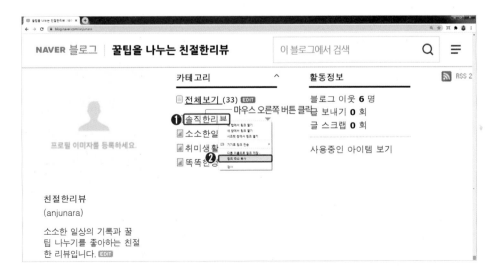

4 위젯소스.txt 파일에서 '메뉴1링크주소' 부분을 복사했던 링크 주소로 대체해 주세요. 블로그 카테고리의 링크는 모두 내부 링크이므로 target은 모두 '_top'으로 그냥 두세요.

```
# 1번 메뉴 ( 위젯명 m01 )
<img src="https://blogfiles.pstatic.net/MjAyMTAyMTRfMTg1/MDAxNjEzMjMzMjE1OTYw.a4PGGW-
wh0qUFp0R9ohOjJeHDExuy_HM2sLcugHgW_Bsg.WiQiQ2CnWpLSb1f7nsx6d07_rHLTKprSCa9a4PPyaMog.
PNG.melon104/transp.png?type=w3
" width="170px" height="160px" usemap="#m01" border="0" />        복사한 주소를
<map name="m01">                                                   여기에 붙여넣어 주세요.
    <area shape="rect" coords="0,36,170,160" href="https://blog.naver.com/PostList.
naver?blogId=anjunara&from=postList&categoryNo=2&parentCategoryNo=2" target="_top" />
</map>
```

5 2번 메뉴부터 4번 메뉴까지 모두 위와 같은 방법으로 소스를 수정해 주세요.

```
# 2번 메뉴 ( 위젯명 m02 )
<img src="https://blogfiles.pstatic.net/MjAyMTAyMTRfMTg1/MDAxNjEzMjMzMjE1OTYw.a4PGGW-
wh0qUFp0R9ohOjJeHDExuy_HM2sLcugHgW_Bsg.WiQiQ2CnWpLSb1f7nsx6d07_rHLTKprSCa9a4PPyaMog.
PNG.melon104/transp.png?type=w3
" width="170px" height="160px" usemap="#m02" border="0" />        복사한 주소를
<map name="m02">                                                   여기에 붙여넣어 주세요.
    <area shape="rect" coords="0,36,170,160" href="https://blog.naver.com/PostList.
naver?blogId=anjunara&from=postList&categoryNo=10" target="_top" />
</map>
# 3번 메뉴 ( 위젯명 m03 )
<img src="https://blogfiles.pstatic.net/MjAyMTAyMTRfMTg1/MDAxNjEzMjMzMjE1OTYw.a4PGGW-
wh0qUFp0R9ohOjJeHDExuy_HM2sLcugHgW_Bsg.WiQiQ2CnWpLSb1f7nsx6d07_rHLTKprSCa9a4PPyaMog.
PNG.melon104/transp.png?type=w3
" width="170px" height="160px" usemap="#m03" border="0" />        복사한 주소를
<map name="m03">                                                   여기에 붙여넣어 주세요.
    <area shape="rect" coords="0,36,170,160" href="https://blog.naver.com/PostList.
naver?blogId=anjunara&from=postList&categoryNo=11" target="_top" />
</map>
# 4번 메뉴 ( 위젯명 m04 )
<img src="https://blogfiles.pstatic.net/MjAyMTAyMTRfMTg1/MDAxNjEzMjMzMjE1OTYw.a4PGGW-
wh0qUFp0R9ohOjJeHDExuy_HM2sLcugHgW_Bsg.WiQiQ2CnWpLSb1f7nsx6d07_rHLTKprSCa9a4PPyaMog.
PNG.melon104/transp.png?type=w3
```

```
" width="170px" height="160px" usemap="#m04" border="0" />
<map name="m04">
    <area shape="rect" coords="0,36,170,160" href="https://blog.naver.com/PostList.
naver?blogId=anjunara&from=postList&categoryNo=1" target="_top" />
</map>
```

복사한 주소를
여기에 붙여넣어 주세요.

6 이번에는 5번 메뉴에 인스타그램으로 연결되는 외부 링크 소스를 만들어 볼게요. '메뉴5
링크주소'를 인스타그램 주소로 변경한 후 target="_blank"로 그대로 두면 돼요(인스타
그램 주소는 'https://www.instagram.com/아이디'와 같은 포맷). 4번 메뉴도 외부 링
크인 1:1 채팅으로 연결하려면 target="_top"이 아닌 target="_blank"로 수정해야 해
요. 그럼 이제 소스 수정은 다 되었어요.

```
# 5번 메뉴 ( 위젯명 m05 )
<img src="https://blogfiles.pstatic.net/MjAyMTAyMTRfMTg1/MDAxNjEzMjMzMjE10TYw.a4PGGW-
wh0qUFpOR9oh0jJeHDExuy_HM2sLcugHgW_Bsg.WiQiQ2CnWpLSb1f7nsx6d07_rHLTKprSCa9a4PPyaMog.
PNG.melon104/transp.png?type=w3
" width="170px" height="160px" usemap="#m05" border="0" />
<map name="m05">
    <area shape="rect" coords="0,36,170,160" href="https://www.instagram.com/kindjudy"
target="_blank" />
</map>
```

복사한 주소를
여기에 붙여넣어 주세요.

위젯 메뉴 만들기

마지막으로 위젯 메뉴만 만들면 홈페이지형 블로그가 완성돼요. 얼마 안 남았으니 끝까지
따라와 주세요.

1 다시 블로그로 돌아와서 상단의 [내메뉴]–[관리]–[꾸미기 설정]–[레이아웃·위젯 설정]
으로 들어가세요. 위젯 중 [메뉴 형태]를 클릭한 후 드래그해서 [타이틀] 위쪽으로 올려
주세요.

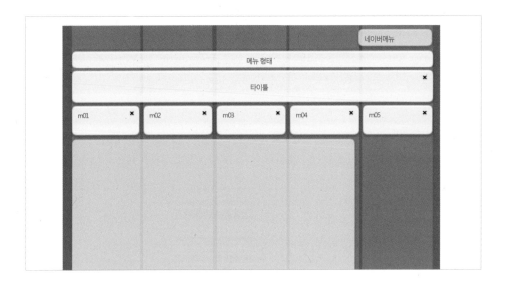

2 오른쪽 하단으로 가면 위젯 사용 설정이 있는데, 이곳에서 네이버 기본 위젯을 블로그에 나오게 할 수 있어요. 체크 표시된 것들은 내 블로그에 보이는 위젯이니, 불필요한 것은 해제하고 필요한 위젯은 체크해 주세요. 예제에서는 직접 위젯을 만들 거라서 [+위젯직 접등록]을 클릭할게요. 그러면 [위젯 직접등록] 팝업 창이 나올 거예요.

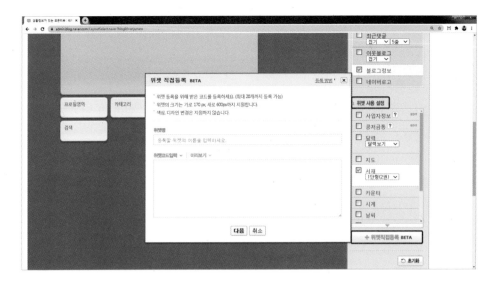

3 [위젯명]에 위젯 소스 파일에 있는 위젯명인 m01을 기재해 주세요. 그리고 [위젯코드입력]에는 앞에서 수정한 소스 중 1번 메뉴에 해당하는 부분을 선택해서 복사(Ctrl+C)한 후 붙여넣기(Ctrl+V) 해주세요. 다음 소스 그림의 파란색 영역해 해당하는 부분입니다. 그리고 [다음] 버튼을 클릭해 주세요.

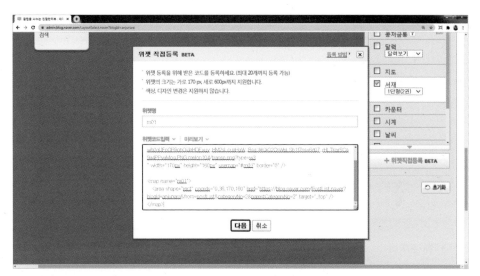

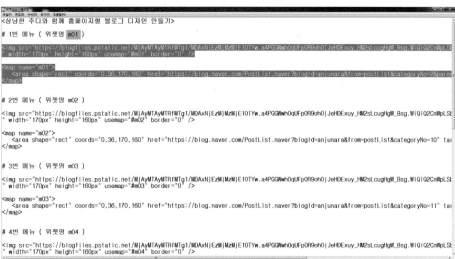

4 미리 보기가 다음 그림처럼 나온다면 [등록] 버튼을 클릭하고 [확인]을 눌러주세요.

그럼 다음처럼 m01 위젯이 생길 거예요.

5 m02, m03, m04, m05 위젯도 앞에서 설명한 것과 같이 만들어 주세요. 그럼 다음처럼 모두 나올 거예요.

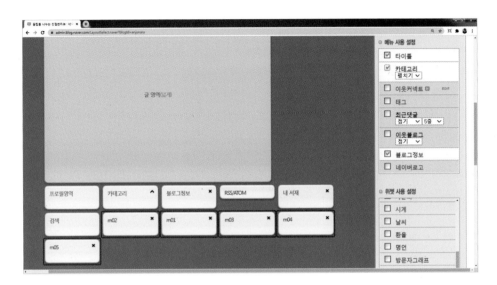

6 위젯은 마우스로 드래그해서 원하는 위치에 놓을 수 있어요. 직접 만든 위젯을 드래그해서 끌어올려 상단 타이틀 아래에 놓아주세요. 다음 그림의 빨간색 네모 안에 있는 위젯이 예제의 홈페이지형 블로그 디자인 부분이에요.

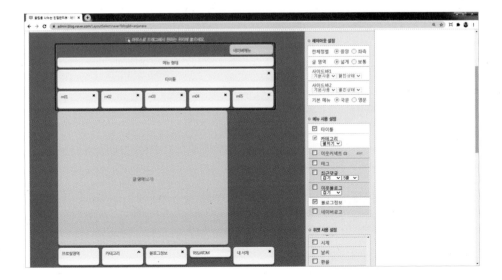

7 이제 다 됐어요. 맨 아래 [적용] 버튼을 꼭 눌러야 [레이아웃·위젯 설정] 내용이 블로그에 적용돼요.

8 [확인]을 누른 후 블로그 메인으로 가서 링크가 잘 걸렸는지 확인해 보세요. 다음처럼 새로운 홈페이지형 블로그가 만들어졌어요.

4.2 모바일에서 미리캔버스 사용하기

미리캔버스는 PC뿐 아니라 모바일에서도 사용이 가능해요. 미리캔버스는 웹 기반이므로 따로 앱을 설치하지 않고도 미리캔버스 사이트에 접속해서 사용할 수 있어요.

포털 사이트에서(크롬 구글 사이트 추천) 미리캔버스를 검색한 후 접속하세요. 미리캔버스 로그인이 안 돼 있다면 오른쪽 상단에 있는 메뉴를 클릭한 다음 로그인한 후에 이용해 주세요. 로그인한 후에 [바로 시작하기]를 클릭해 주세요.

모바일 작업 페이지는 PC 화면과 달라요. 다음 왼쪽 그림의 [+] 버튼을 클릭하면 메뉴와 템플릿이 나와요.

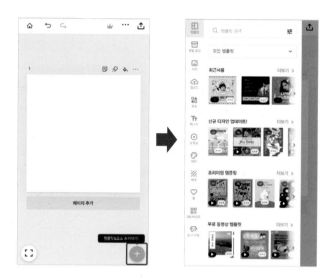

원하는 템플릿을 클릭한 후 텍스트를 터치 후 글자를 변경할 수 있고, 하단에서 글꼴, 크기, 정렬, 스타일, 글자 속성 조정, 효과, 배경색 등을 변경할 수 있어요.

템플릿의 디자인과 내용을 변경한 후에는 파일을 다운로드하여 사용할 수 있어요. 상단의 저장하기 아이콘을 클릭하고 나서 하단의 다운로드를 눌러 원하는 형식으로 다운로드하면 돼요.

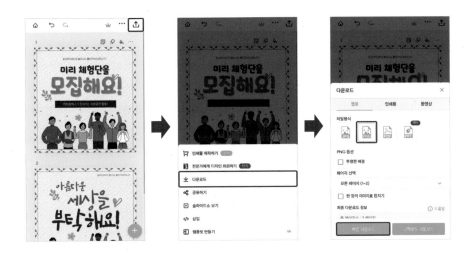

4.3 레이어 활용으로 작업 속도 높이기

레이어란 '층층이, 겹겹이 쌓다'라는 뜻으로 그래픽 프로그램에서 이미지 작업할 때 많이 사용해요. '3.6절 카드뉴스 만들기' 같이 요소가 많이 겹쳐 있는 디자인에서 레이어를 활용하면 작업 속도를 더 높일 수 있어요.

상단 메뉴의 ❶[설정]을 클릭한 후 ❷레이어의 토글 버튼을 오른쪽으로 밀어 초록색으로 활성화해 주세요. 그러면 작업 페이지 오른쪽에 [레이어] 창이 나와요. (단축키를 사용하려면 [Ctrl+Shift+Y]를 눌러주세요.)

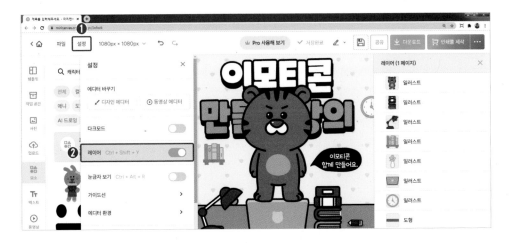

❸레어어의 맨 위에 있는 호랑이 일러스트를 마우스로 드래그해서 노트북 일러스트가 있는 레이어 아래로 가져다 놓아요. 이렇게 하면 3.6절에서 설명한 방법처럼 [순서]에서 뒤로, 앞으로 클릭하여 보내는 것보다 빠르게 레이어를 이동할 수 있어요.

다음에 대표적인 레이어의 기능과 활용 방법을 정리했으니 참고하세요.

1. 레이어를 클릭한 후 드래그 앤드 드롭으로 레이어의 순서를 빠르게 바꿀 수 있어요.

2. 필요 없는 레이어를 선택해 바로 휴지통 혹은 [DELETE] 키로 삭제할 수 있어요.

3. 레이어 이름 옆의 잠금 버튼을 클릭하여 레이어를 고정할 수 있는 잠금 기능을 설정 또는 해제할 수 있으 며, 다수의 레이어를 선택해 하단의 잠금 버튼으로 잠금을 설정 또는 해제할 수 있어요.

4. 레이어를 선택한 후 하단의 그룹 버튼을 클릭해 그룹을 설정할 수 있어요.

5. [Ctrl]과 [Shift] 키로 레이어를 클릭해 다수의 레이어를 선택하여 삭제, 그룹화, 잠금/해제 할 수 있어 작업 속도를 높일 수 있어요.

한 가지 주의할 사항은 레이어가 잠금 설정되어 있을 때는 삭제나 다중 선택, 그룹 설정, 순서 변경이 되지 않으니 잠금 해제 후 사용해야 한다는 점이에요.

4.4 컬러 조합 사이트 활용하기

디자인할 때 컬러를 선택하는 것은 중요해요. 하지만 색감이 없는 분들은 컬러를 선택하기가 힘들 거예요. 그럴 때 컬러 조합 사이트를 이용하면 시간도 단축되고, 더욱 세련된 색감을 선택할 수 있어요. 컬러 조합 사이트의 사용 방법을 알려드릴게요.

컬러 조합 사이트 – 컬러헌트

제가 자주 이용하는 컬러헌트 사이트로, 미리캔버스 디자인에 활용하는 방법을 알려드릴게요.

1 컬러헌트(https://colorhunt.co/) 사이트에 접속해 주세요.

컬러헌트는 컬러 전문가들이 트렌디한 컬러 조합을 만들어서 모아둔 사이트예요. 왼쪽 메뉴를 보면 최신순, 인기순, 랜덤으로 검색할 수 있으며, 마음에 드는 컬렉션을 선택하고 보관할 수 있어요. 또한 테마별로 색감 팔레트를 검색할 수 있어서 마음에 드는 색상을 쉽게 찾을 수 있어요.

4.1절에서 홈페이지형 블로그 만들기를 위한 디자인을 할 때도 사실 배경색을 컬러헌트 사이트에서 검색해서 적용했습니다. 어떻게 검색해서 적용했는지 알려드릴게요.

다음은 홈페이지형 블로그를 디자인할 때 바탕에 놓고 그릴 이미지를 불러온 상태예요. 다음 배경처럼 3가지 색으로 배경색을 골라 넣을 거예요.

2 저는 보라색 계열로 배경을 만들고 싶어서 컬러헌트 사이트에서 최신 유행하는 컬러 중 보라색 계열로 검색했어요. ❶화면 왼쪽의 [Popular] 버튼을 클릭해 주세요. 그럼 요즘 인기 있는 색상이 나올 거예요. 거기서 ❷상단의 [Search palettes]를 클릭하면 검색창 아래에 컬러와 컬렉션으로 색을 검색할 수 있게 되어 있어요. ❸그중 Purple 색상을 클릭하면 보라색 계열의 팔레트들이 나와요. 그중 ❹번 테두리 박스안의 보라색 계열을 선택했어요. 마음에 드는 컬렉션에 하트를 누르면 오른쪽처럼 하트를 누른 색 모음이 내 컬렉션 안에 들어가요.

3 선택한 컬렉션에 마우스를 가져가면 각 색의 색상 코드가 나오는데, 색상 코드를 클릭하면 색상 코드가 복사돼요.

복사한 색상 코드를 미리캔버스 색상 코드 넣는 곳에 붙여 넣기 해서 색상을 만들 수 있어요. 다른 색상도 색상 코드를 복사해서 미리캔버스에 가져와서 사용하면 돼요.

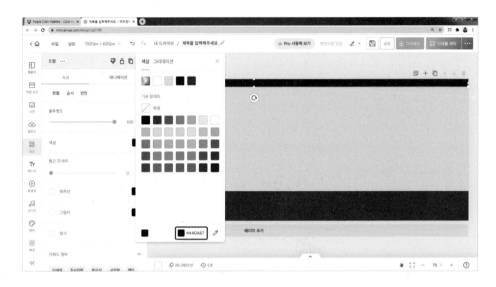

4 컬러헌트 사이트에서 컬러팔레트를 이미지로 받아서 사용할 수도 있어요. 마음에 드는 컬러팔레트를 클릭하면 그 컬러팔레트의 상세정보 화면이 나와요. 그중 [Image] 버튼을 클릭하면 컬러팔레트 이미지 파일을 내려받을 수 있어요.

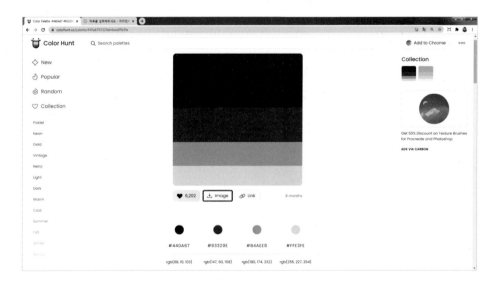

미리캔버스에서 방금 내려받은 컬러팔레트를 활용하려면 왼쪽 [업로드] 메뉴에서 다운로드 받은 파일을 불러와서 사용할 수 있어요. 색상에서 스포이트로 불러온 컬러팔레트의 색상을 추출해서 색상을 변경할 수 있어요.

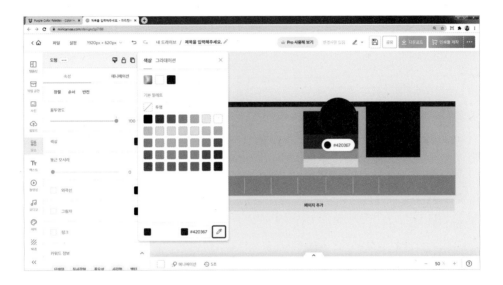

4.5 │ 자주 사용하는 단축키 모음

N잡을 하기 위해서는 24시간을 알차게 써야 하므로 어떤 작업을 하든 작업 속도를 단축할 필요가 있어요. 그래픽 프로그램을 오래 사용하다 보면 두세 번 클릭하는 번거로움을 단축키 하나로 작업할 수 있어 단축키를 많이 사용해요. 익숙해지면 작업 속도가 빨라져 유용한 것 같아요. 미리캔버스를 사용할 때도 단축키를 사용하여 쉽고 빠르게 작업해 보세요.

제가 자주 쓰는 단축키를 정리했어요(미리캔버스 헬프데스크 참조).

【 파일 단축키 】

저장하기: `Ctrl` + `S`

실행 취소(되돌리기): `Ctrl` + `Z`

재실행: `Ctrl` + `Shift` + `Z`

레이어 창 활성화: `Ctrl` + `Shift` + `Y`

눈금자 보기: `Ctrl` + `Alt` + `R`

확대하기: `Ctrl` + `+`

축소하기: `Ctrl` + `−`

【 요소 편집 단축키 】

핸드툴: `Spacebar`

전체 선택: `Ctrl` + `A`

복사하기: `Ctrl` + `C`

붙여 넣기: `Ctrl` + `V`

잘라 내기: `Ctrl` + `X`

요소 복제: `Ctrl` + `D`

요소 잠금: `Ctrl` + `L`

요소 삭제하기: `Delete`

요소 다중 선택: `Shift` + 요소 선택

그룹 만들기: `Ctrl` + `G`

그룹 해제하기: `Ctrl` + `Shift` + `G`

자유 비율로 크기 조정: `Shift` + 크기 조정

1px 이동: 방향키(`↑` `→` `↓` `←`)

10px 이동: `Shift` + 방향키(`↑` `→` `↓` `←`)

반시계방향 1도 회전: `Ctrl` + `←`

시계방향 1도 회전: `Ctrl` + `→`

맨 앞으로 가져오기: `Ctrl` + `Shift` + `]`

맨 뒤로 보내기: `Ctrl` + `Shift` + `[`

앞으로 가져오기: `Ctrl` + `]`

뒤로 보내기: `Ctrl` + `[`

【 텍스트 편집 단축키 】

텍스트 추가: `Shift` + `T`

텍스트 여백 맞추기: `Ctrl` + `Alt` + `C`

텍스트 찾기: `Ctrl` + `F`

굵게: `Ctrl` + `B`

기울임: `Ctrl` + `I`

밑줄: `Ctrl` + `U`

취소선: `Alt` + `Shift` + `S`

대문자 변환: `Ctrl` + `Shift` + `K`

4.6 미리캔버스 공유로 함께 디자인하기

미리캔버스에서는 편집한 디자인을 다른 사람에게 공유할 수 있어요. 디자인 편집을 한 후 의견을 나눌 수도 있고, 그 디자인을 다른 사람이 복제해서 사용할 수도 있어요.

이 책의 Part3과 Part4에서 만든 예시 또한 디자인 편집본을 공유하고, 공유된 주소를 각 예제별로 안내해 두었습니다. 공유된 예제 파일을 복제해서 사용하는 방법을 살펴볼게요.

공유 URL로 접속해 공유 디자인 이용하기

1 공유 링크 주소를 브라우저 주소창에 입력하거나 클릭하면 디자인 문서를 볼 수 있어요.

https://www.miricanvas.com/v/1jg4vx

2 ❶오른쪽 아래에 있는 [+] 아이콘을 클릭하고 ❷[복제하기]를 클릭하세요.

3 미리캔버스에 로그인한 상태가 아니라면 로그인 페이지가 나오고, 로그인 상태라면 디자인 문서가 복사본으로 복제되어 새 창에 열리게 됩니다. 복제된 디자인 문서를 본인의 컨텐츠에 맞게 수정하여 사용하면 됩니다.

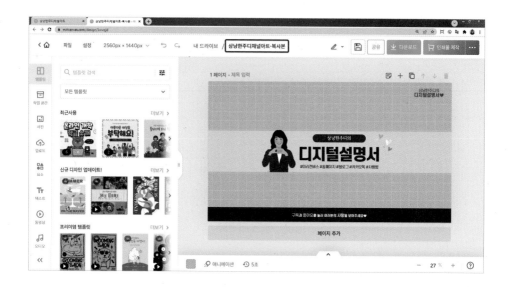

웹 게시 및 공유하기

1 오른쪽 상단에서 [다운로드] 버튼 왼쪽에 있는 [공유] 버튼( )을 클릭하세요.

2 웹 게시 및 공유 창이 나오면 디자인 문서를 [공개]로(초록색 버튼으로) 활성화해 주세요.

만약 공유를 중단하고 싶을 때는 문서 공개 상태를 [비공개]로 변경하면 됩니다.

4 아래에 있는 [상세 옵션]을 클릭하면 상
세 옵션들의 활성화 버튼을 볼 수 있습니
다. 기본 설정으로 활성화 되어 있는 버
튼을 비활성화 하려면 유료 요금제로 업
그레이드 해야 합니다.

[비밀번호 사용]는 무료 요금제에서도 설
정할 수 있으며, 비밀번호를 설정하면 설
정한 비밀번호를 입력해야만 공유 문서
를 볼 수 있어요.

5 페이지 스타일을 설정할 수 있어요.

- **좌우 슬라이드**: 공유받은 디자인 문서를 좌우로 넘겨 확인할 수 있어요. (프레젠테이션, 카드뉴스에 추천)

- **상하 스크롤**: 공유받은 디자인 문서를 상하 스크롤로 확인할 수 있어요. (웹 상세 페이지, 모바일용 추천)

- **퀴즈, 심리테스트**: 페이지 링크가 적용된 요소를 클릭해 설정된 페이지로 이동할 수 있어요. (온라인 퀴즈,
심리테스트 추천)

❻ 웹 게시 및 공유 설정이 끝났으면 공유 링크 오른쪽에 있는 [복사] 버튼을 클릭한 후 공유하고 싶은 사람들에게 링크를 전달하면 돼요. 또한 복사 버튼 아래에 있는 [SNS 아이콘]을 누르면 공유 링크를 바로 SNS로 내보낼 수 있어요.

4.7 | 웹디자이너의 즐겨찾기

처음 웹디자인을 시작할 때부터 예쁜 사이트를 스크랩하고, 좋은 정보가 있는 사이트를 즐겨찾기 해서 공유하고, 작업할 때 벤치마킹할 사이트를 즐겨찾기 해두었어요. 이런 즐겨찾기는 관련 분야를 더 공부하게 해주기도 하고 작업 속도를 높이는 데도 많은 도움이 돼요.

상냥한주디가 무료 사이트 위주로 자주 쓰는 즐겨찾기를 소개합니다.

무료 이미지 사이트

1. 픽사베이: https://pixabay.com/ko/

픽사베이는 2.5백만 개가 넘는 사진을 보유한 이미지 무료 사이트로, 사진뿐만 아니라 일러스트, 벡터 그래픽, 비디오 자료도 받을 수 있어요. 검색 키워드는 영문과 한글도 가능하

지만, 영문으로 검색하는 것을 추천해요. 검색 시 나오는 이미지 중 상단의 '스폰서 이미지
iStock' 부분은 유료이고, 나머지 이미지는 무료예요.

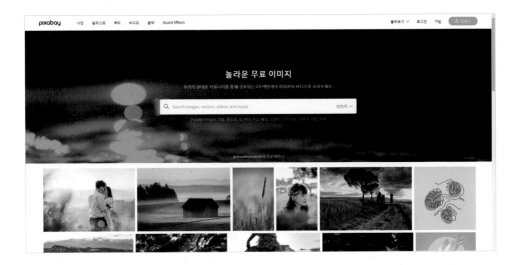

2. 언스플래시: https://unsplash.com/

언스플래시는 10일마다 10장의 고퀄리티 사진이 추가돼요. 컬렉션을 선택해 주제별로 모
아놓은 이미지를 고를 수 있어서 좋아요. 저는 주로 풍경 사진이나 감각적인 사진을 검색할
때 이용해요.

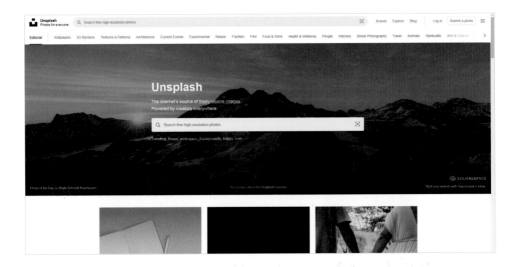

3. 펙셀스: https://www.pexels.com/

펙셀스는 무료 사진뿐만 아니라 동영상도 바로 검색되며, 사진 모양과 색으로도 검색이 가능해서 원하는 컬러감으로 사진을 검색할 때 유용해요.

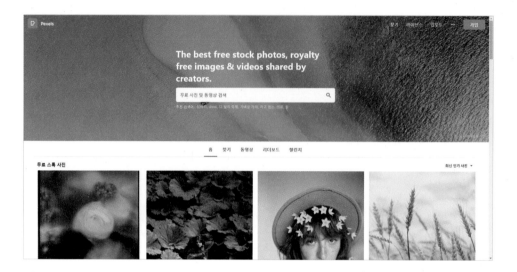

4. 픽점보: https://picjumbo.com/

픽점보는 웹디자이너이자 사진작가인 빅터 하나세크(Viktor Hanacek)가 찍은 고품질 사진을 주로 올려놓은 사이트예요. 빅터는 자신과 같은 디자이너를 위해 이 사이트를 만들었다고 해요. 저는 PC, 핸드폰 배경화면과 백그라운드를 찾을 때 주로 이용해요.

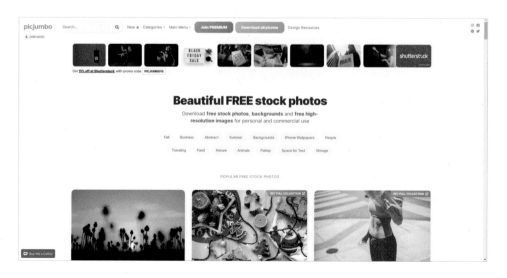

5. 스탁업: https://stockup.sitebuilderreport.com/

스탁업은 무료로 이미지를 공유하는 사이트의 이미지를 크롤링(수집)해서 무료로 이용할 수 있게 제공하는 사이트예요. 현재 31개의 무료 사진 사이트에서 약 3만 5천 개의 사진을 제공하고 있어요.

무료 아이콘/일러스트

1. 플랫아이콘: https://www.flaticon.com/

플랫아이콘은 심플한 벡터 이미지와 아이콘과 픽토그램이 많고, 다양한 주제에 맞는 아이콘 팩을 다운로드할 수 있기 때문에 카드뉴스나 PPT 제작 시 활용도가 높아서 자주 이용하는 사이트예요. (출처만 밝힌다면 상업적/비상업적으로 사용할 수 있지만, 저작권을 꼭 확인하세요.)

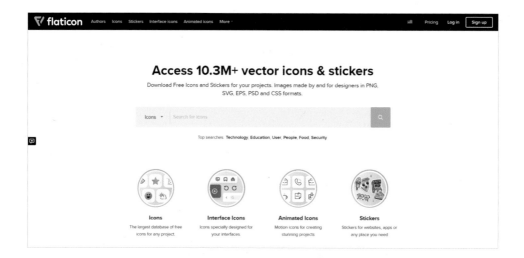

2. 프리픽: https://kr.freepik.com/

프리픽은 무료 벡터 일러스트뿐 아니라 PSD 소스가 제공되며, eps, png, psd, svg 등 다양한 포맷의 파일을 제공해요. 저는 주로 일러스트와 psd 소스 검색 시 사용하며, 프레임, 배경화면으로 활용하기에도 좋은 사이트예요. (출처만 밝힌다면 상업적/비상업적으로 사용할 수 있지만, 저작권을 확인하세요.)

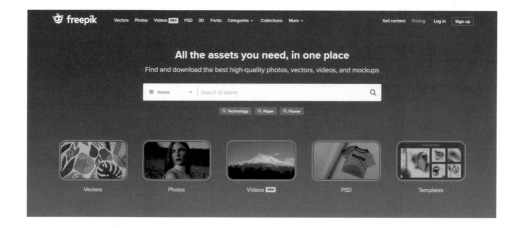

3. 언드로: https://undraw.co/illustrations

언드로는 굉장히 스타일리시한 일러스트가 있는 사이트이며, 일러스트를 검색한 후 바로
일러스트의 색상 변경이 가능하다는 점이 좋아요. 일러스트의 포인트 컬러 부분을 원하는
색상으로 바로 변경해서 내려받을 수 있어요.

4. AC-일러스트: https://ac-illust.com/ko

AC-일러스트는 일본 사이트인데, 한국어가 지원돼서 검색하기가 편리해요. 하지만 이미
지 사이트에서 검색은 영문으로 하는 게 좋아요. 다양한 일러스트가 많고 특히 일본 특유의
감성적인 일러스트들이 있어서 제가 좋아하는 일러스트 사이트 중 하나예요. (출처 표기 없
이 무료로 사용할 수 있음. 하루 파일 다운로드 개수 제한.)

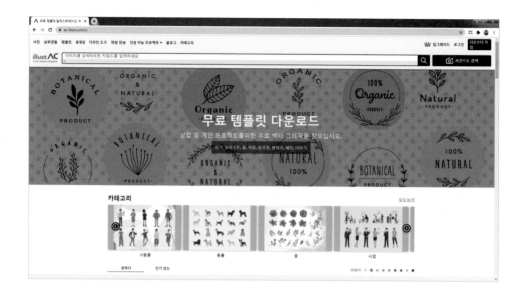

5. 아이콘스8: https://icons8.kr/

현재 5만여 개 이상의 무료 및 라이선스 아이콘이 있는 아이콘스8은 아이콘뿐만 아니라 일러스트, 사진 영상에 넣는 음악까지 내려받을 수 있어요.

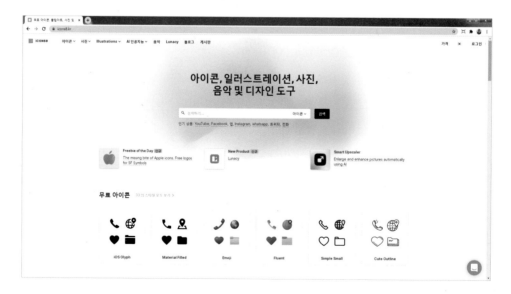

무료 폰트 사이트

1. 눈누: https://noonnu.cc/

눈누는 상업용 무료 한글 폰트를 모아놓은 사이트예요. 사이트에 들어가서 직접 원하는 글자를 써보고 확인할 수 있어서 좋아요. 대부분 상업용 무료 폰트지만, 폰트별로 허용 범위가 다를 수 있으므로 확인 후 사용하세요.

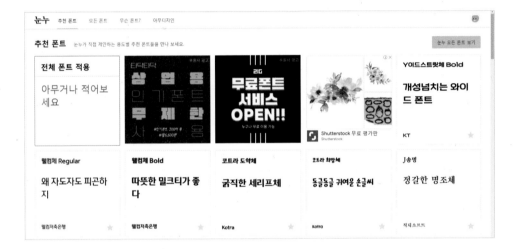

2. 네이버 무료 폰트(나눔글꼴): https://hangeul.naver.com/font

네이버가 한글 사랑 캠페인을 위해 만든 사이트로 현재 150여 종의 한글 폰트가 있어요. 나눔글꼴은 어디서든 무난하게 사용하기 좋기에 아직 사용하지 않는 분들에게 추천드려요.

3. 다폰트: https://www.dafont.com/

다폰트는 웹디자이너들 사이에서는 이미 유명한 무료 폰트 사이트예요. 저는 주로 영문 폰트와 딩벳 폰트 검색 시 사용해요. 폰트를 스타일별로 모아 놨기 때문에 카테고리를 이리저리 눌러보며 마음에 드는 디자인 폰트를 고를 수 있어요.

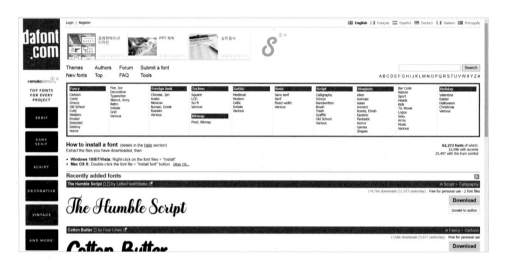

4. 잇츠폰트: https://itsfont.com/

잇츠폰트는 유료 폰트 사이트지만, '무료 폰트' 다운로드 코너가 있으니 무료 폰트에서 다운로드해서 사용하면 돼요. 잇츠폰트의 장점은 폰트를 이미지상에 구현해 놓아서 디자인 적용 시 어떤 느낌인지 미리 볼 수 있다는 점이에요. 그래서 인쇄용 폰트를 찾을 때 유용해요.

5. 구글 폰트: https://fonts.google.com/

구글 폰트는 135개 이상의 언어에서 사용할 수 있는 거의 1,000여 개의 폰트를 보유하고 있어요. 검색 시 글꼴의 종류, 언어, 모양별로 검색할 수 있고, 다운로드 시 폰트별 허용 범위가 나오니 확인한 후 다운로드해서 사용하면 돼요.

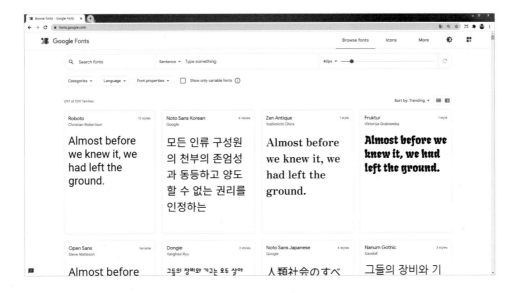

※ 여기서 무료 사이트 위주로 알려드렸지만, 대부분 무단 배포나 편집은 금하고 있으니 다운로드 시 구체적 허용 범위를 확인하고 사용해 주세요

컬러 배색 조합 사이트

1. 컬러헌트: https://colorhunt.co/

컬러헌트는 직관적이고 사용하기 편한 컬러 조합 사이트로 컬러 전문가들이 트렌디한 컬러 조합을 만들어서 모아둔 사이트예요. 최신순과, 인기순 등으로 요즘 유행하는 컬러를 볼 수 있고, 검색 시 컬러별로 모아서 색조합을 볼 수 있어서 많이 이용해요.

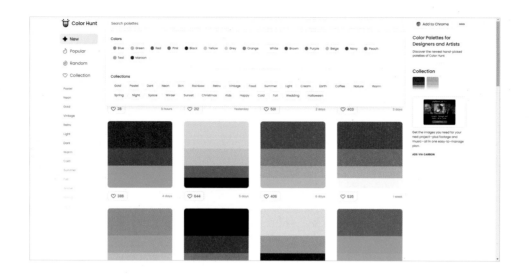

2. 그라디언트 헌트: https://gradienthunt.com/

그라디언트 헌트 사이트는 수천 개의 트렌디한 수제 색상 그라디언트를 제공하고 있어요. 이곳에서는 바로 CSS 그라데이션 코드를 복사할 수 있어서 개발자들에게도 인기가 있어요. 저는 주로 세련된 백그라운드 색상을 찾을 때 그라디언트 헌트를 이용하며, 오른쪽 메뉴에 파트너 사이트들에서도 많은 도움을 받고 있어요.

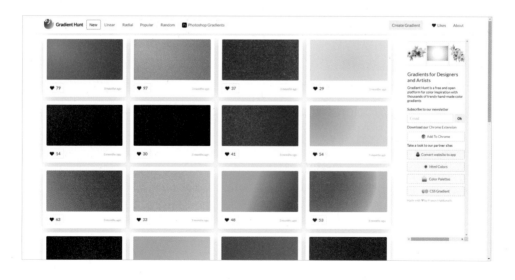

3. 어도비 컬러 CC: https://color.adobe.com/ko/

어도비 컬러 사이트는 색상표에서 원하는 컬러로 드래그해서 움직이면 내가 선택한 색과 어울리는 조합을 찾아줘요. 조합한 색상 팔레트를 생성할 수 있고, 색상 모드에서 RGB, CMYK를 선택할 수 있는 점도 좋아요. 특히 어도비사 프로그램을 사용하는 사람은 팔레트를 통째로 프로그램에 가져갈 수 있어서 편리해요. 저는 메인 색을 고르고 나서 빠르게 컬러 조합을 찾을 때 주로 사용해요.

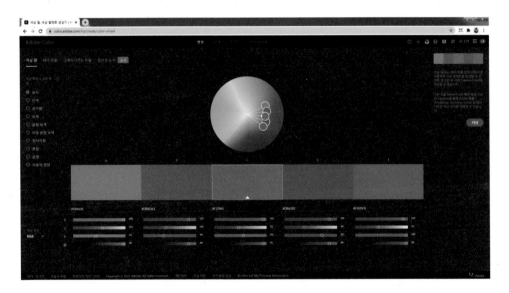

4. 컬러 핵스: https://www.color-hex.com/

컬러 핵스는 단색 색상을 제공하지만, Hex, RGB, CMYK, HSV 등 여러 가지 컬러 값을 제공해서 실무에 유용하게 쓸 수 있어요.

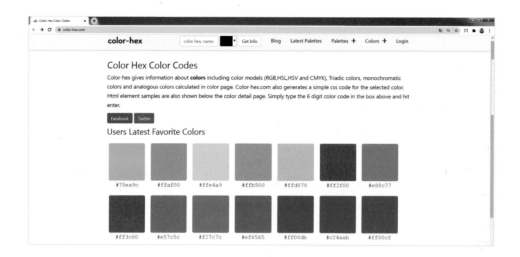

5. 쿨러스: https://coolors.co/

쿨러스는 어울리는 5가지 색을 팔레트처럼 묶어서 보여주는데, 스페이스바를 누르면 컬러
가 랜덤으로 추천되며, 원하는 색의 음영 부분을 누르면 그 색의 어두운색부터 밝은색까지
보여줘서 좋아요. 그리고 사진이나 이미지를 불러와 조화로운 색을 찾을 수 있다는 점이 좋
아서 자주 이용하는 사이트예요.

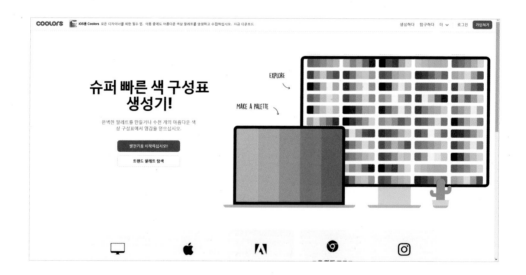

※ 컬러 조합 사이트를 디자인에 사용하는 방법은 218쪽(컬로조합 사이트 활용하기) 참고해 주세요.

AI 이미지 생성 사이트

1. 미드저니: https://www.midjourney.com/

미드저니(Midjourney)는 예술 공모전에서 AI가 그린 그림으로 1위를 수상하며 많은 사람을 놀라게 한 이미지 생성 AI에요.

미드저니로 예술 대회에서 1위한 작품 – 스페이스 오페라 극장

미드저니는 웹사이트에서 이미지를 생성하는 방식이 아닌 디스코드 서버에서 이미지를 생성하기 때문에 초보자가 시작하기에는 다소 어려움이 있어요. 그리고 무료 사용이 없어지면서 유료 플랜에 가입해야만 이용할 수 있어요. 하지만 유료 플랜에 가입하면서도 많은 사용자가 미드저니를 사용하는 이유는 그만큼 퀄리티 높은 이미지를 생성할 수 있기 때문이에요. 여러 무료 사이트를 경험해 보고, 미드저니도 경험해 보기를 추천해 드려요.

2. 달리2: https://openai.com/dall-e-2/

달리2(DALL-E 2)는 챗GPT를 제작한 오픈에이아이(OpenAI) 사에서 개발한 이미지 생성 AI에요. 이전에 발표된 달리(DALL-E)의 업그레이드 버전으로, 더 자세하고 다양하게 이미지를 생성할 수 있어요. 이미지 퀄리티가 좋아 다른 이미지 생성 AI 사이트에서도 달리2(DALL-E 2) 모델을 사용하고 있어요.

3. 레오나르도 AI: https://leonardo.ai/

레오나르도 AI(Leonardo.AI)는 영국의 인공지능 스타트업인 Art AI에서 개발한 AI 기반 예술 작품 생성 사이트예요. 미드저니만큼 퀄리티가 높고, 사용법도 쉬워요. 이 책을 출간하는 시점을 기준으로 하루에 150 토큰을 제공하고 있으며, 이 토큰을 사용하여 무료로 사용할 수 있어요. 구글 계정으로 간단하게 회원가입할 수 있고, 무료 토큰을 제공하고 있으니 꼭 한 번 사용해 보기를 권해드려요.

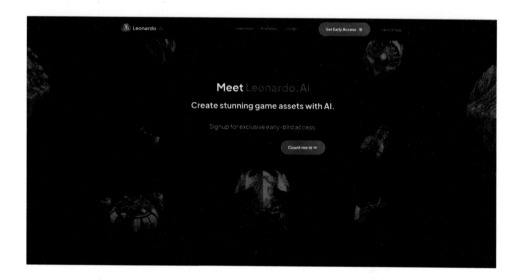

4. 플레이그라운드 AI: https://playgroundai.com/

플레이그라운드 AI(Playground AI)는 IBM에서 개발한 AI 이미지 생성 사이트예요. 스테이블 디퓨전(Stable Diffusion) 모델을 사용하고 있어서 높은 퀄리티의 이미지를 생성할 수 있어요. 또한 무료로 1,000장의 이미지를 생성할 수 있고, 구글 계정으로 간편하게 회원가입한 후 쉽게 사용할 수 있어요.

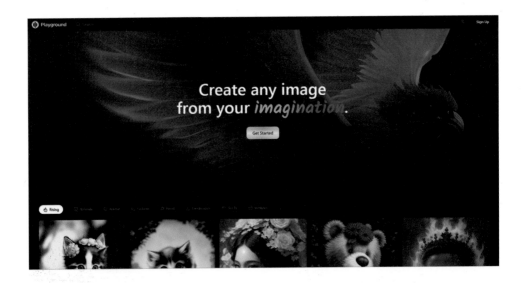

5. 빙 이미지 크리에이터: https://www.bing.com/images/create

빙 이미지 크리에이터(Bing image creator)는 마이크로소프트(Microsoft)에서 만든 AI 이
미지 생성 사이트예요. 오픈AI의 이미지 생성 모델인 달리(DALL-E)를 기반으로 제작되어
서 이미지 퀄리티도 괜찮은 편이에요. 무엇보다 텍스트 기반 프롬프트로 사용이 간편하여
초보자들도 쉽게 사용할 수 있어요.

6. 포킷: https://pokeit.ai/

포킷(Pokeit)은 국내 인공지능 스타트업인 라이언 로켓에서 만든 AI 이미지 생성 사이트예요. 출시 한 달 만에 100만 건이 넘는 이미지를 생성했다고 화제가 되었어요. 구글 계정으로 간편하게 회원가입을 할 수 있고, 현재 무료로 베타 버전을 이용할 수 있으니 AI 이미지 생성 사이트를 처음으로 경험해 보고 싶은 분들께 추천해 드려요.

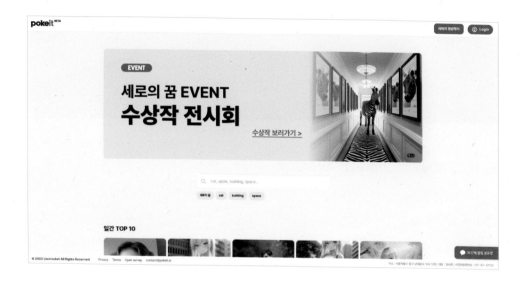

7. 초상화 AI(Portrait AI): https://portraitai.app/

초상화 AI(Portrait AI)는 셀카를 업로드하여 18세기 화가가 그린 듯한 AI 초상화를 생성할 수 있어요. 무료로 사용할 수 있으며, 본인의 얼굴 사진만 업로드 하면 바로 초상화를 생성해 주므로 사용하기가 매우 편리해요. 또한 전용 앱에서는 100개 이상의 필터를 적용할 수 있어요.

8. 웜보 아트: https://dream.ai/create

웜보 아트(Wombo Art)는 무료로 사용할 수 있는 AI 이미지 생성 사이트예요. 간단하게 영어로 키워드를 입력하면 키워드와 테마에 맞는 그림을 생성할 수 있어요. 또한 베타 버전으로 Input Image에 이미지를 업로드하면 원본 이미지와 비슷한 느낌으로 이미지를 생성할 수 있어요.

9. 아숙업(AskUp)

아숙업(AskUp)은 AI 스타트업인 업스테이지에서 개발한 AI 서비스예요. 간단하게 카카오 채널에 아숙업(AskUp)만 추가하고 대화를 하면 챗GPT처럼 질문에 대답해 줍니다. GPT-4를 탑재해 한국어, 일본어를 포함한 27개 언어를 활용할 수 있고, AI 그림을 그려주기도 해요. 간편하게 AI 서비스를 경험해 보고 싶은 분들께 추천해 드립니다.

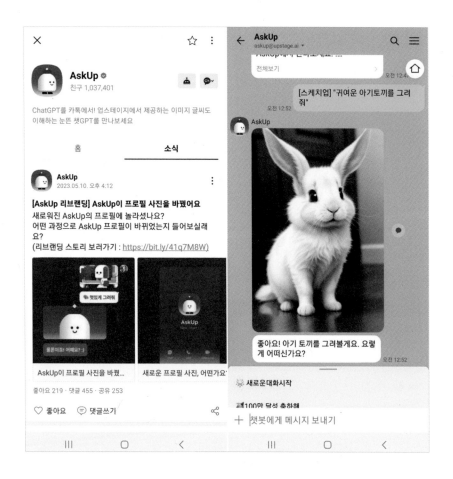

10. 뤼튼(Wrtn) : https://wrtn.ai/

뤼튼은 자체 언어 모델을 기반으로 다양한 글의 작성을 돕는 툴과 챗봇 서비스를 통합한 올인원 플랫폼이에요. 또한, 뤼튼 2.0에서는 GPT-4를 이용한 대화 기능과 AI 이미지 생성 기능을 제공하고 있어요. 아숙업(AskUp) 처럼 카카오톡 채널을 추가하여 이용할 수 있어요.

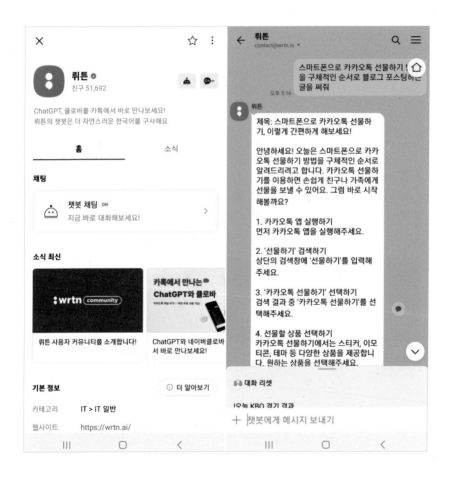

4.8) 디자인 작업 인쇄 맡기기

3.7절에서 만들었던 로고와 명함을 인쇄물로 출력하는 방법을 알려드릴게요.

1 미리캔버스 명함을 다 만들고 나서, 혹은 디자인한 파일을 열고 나서 시작하세요. **❶**상단 [인쇄물 제작] 버튼을 클릭한 후 **❷**제작할 인쇄물 유형 중 명함을 선택해 주세요.

2 **❸**명함 제작 유형 중 인쇄하고 싶은 명함을 선택해 주세요. 여기서는 기본 명함을 선택했어요. 그리고 **❹**[기본 명함 가이드 적용]을 클릭해 주세요. [디자인 새로 만들기]를 선택하면 처음부터 다시 디자인해야 해요.

3 ⑤ 그러면 디자인한 명함의 3D 목업을 볼 수 있어요. 확인 후 계속 진행하려면 목업 이미지 아래의 **⑥** 옵션 내용을 확인합니다. 여기서는 기본으로 선택된 옵션으로 두고 **⑦** [이 옵션으로 제작 할래요]를 클릭해 볼게요.

4 작업한 디자인을 인쇄물로 출력할 때는 미리캔버스의 패밀리 브랜드인 인쇄 출력 전문 '비즈하우스'와 계정을 간편하게 연동하고 출력물을 맡길 수 있어요. **⑧** [비즈하우스 연결하기]를 클릭해주세요.

5 비밀번호를 설정하고, 비즈하우스의 이용약관 및 개인정보 취급방침 왼쪽에 있는 체크 박스에 체크한 후에 ❾[다음] 버튼을 클릭해 주세요.

6 최종 확인으로 '모든 페이지의 오탈자를 체크하였습니다.' 체크박스에 체크하고 ❿[장바 구니에 추가하기] 버튼을 클릭해주세요.

7 그러면 편집 중인 디자인을 장바구니에 추가했다고 나옵니다. 계속해서 인쇄를 맡길 거라면 ⑪[장바구니로 이동하기] 버튼을 클릭해 주세요.

8 비즈하우스 장바구니에 담긴 정보를 확인한 후 ⑫[주문하기] 버튼을 누르면 주문/결제 페이지로 이동합니다. 주문/결제 페이지에서 결제를 마치면 주문이 완료됩니다.

9 주문을 완료한 후 배송 조회를 하고 싶다면 비즈하우스 홈페이지(http://www.
bizhows.com/)에 로그인한 후 사이트 상단의 [주문배송조회]를 클릭해 확인하면 됩
니다.

05장

챗GPT와
이미지 생성 AI로
동화책 만들기

이번 장에서는 챗GPT(ChatGPT)와 이미지 생성 AI를 활용해 동화책을 만들어 보려고 해요. 인공지능 언어 모델인 챗GPT를 활용해 동화책의 스토리를 구상하고, 이미지 생성 AI 인 플레이그라운드 AI(Playground AI)에서 동화책에 들어갈 삽화를 생성할 거예요. 마지막으로 챗GPT와 플레이그라운드 AI에서 생성한 삽화를 토대로 미리캔버스에서 동화책을 완성할 거예요.

동화책 만들기 3단계

1. 인공지능 언어 모델인 챗GPT를 활용해 동화책의 스토리 만들기

2. 이미지 생성 AI인 플레이그라운드 AI를 활용해 삽화 생성하기

3. 미리캔버스에서 동화책 완성하기

5.1 챗GPT로 동화책의 스토리 만들기

챗GPT(ChatGPT)는 오픈에이아이(Open AI) 사에서 개발한 인공지능 언어 모델이에요. 언어 모델이란 쉽게 말해 현재 알고 있는 단어들을 기반으로 다음에 등장할 단어를 예측하고 생성하는 모델을 말합니다. 이번 절에서는 인공지능 언어 모델인 챗GPT를 활용해 동화책의 스토리를 만들어 보겠습니다.

챗GPT 회원 가입하기

01. 구글에서 'Chat GPT'로 검색한 다음 맨 위에 있는 [Introducing ChatGPT – OpenAI] 링크를 클릭해 OpenAI 홈페이지에 접속합니다. 챗GPT를 사용하려면 먼저 OpenAI의 홈페이지에서 회원 가입을 해야 합니다. 또는 주소창에 아래 주소를 입력해 접속해 주세요.

   ▪ 챗GPT 홈페이지: https://openai.com/blog/chatgpt

02. 사이트에 접속하면 챗GPT의 간단한 소개와 함께 챗GPT를 사용할 수 있는 [Try ChatGPT] 버튼이 나옵니다. 이 버튼을 클릭해 챗GPT 페이지로 이동해 주세요.

03. 아래와 같이 로그인(Log in), 회원가입(Sign up) 화면이 나옵니다. OpenAI 계정이 없다면 회원가입을 해야 하므로 [Sign up] 버튼을 클릭합니다.

04. [Sign up] 버튼을 누르면 계정을 생성할 수 있는 화
면이 나옵니다. 계정을 생성하는 방법은 총 3가지
입니다.

❶ 본인이 사용하는 일반 이메일로 가입하기 (예:
네이버, 다음)

❷ 구글 계정을 연동하여 가입하기

❸ 마이크로소프트 계정을 연동하여 가입하기

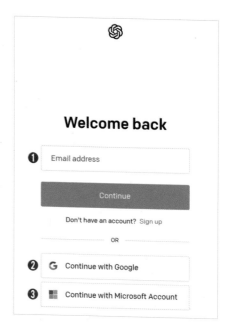

05. 이 책에서는 구글 계정을 연동하여 가입하기 위해 [Continue with Google] 버튼을 클릭하겠습니다.

❶ 계정 선택 대화상자가 표시되면 구글 계정에서 선택할
계정을 클릭합니다.

❷ 이번엔 이름과 생년월일을 넣어주신 후 [Continue]버튼
을 눌러주세요.

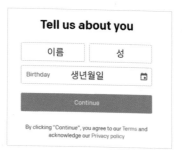

❸ 본인 확인을 위해 전화번호를 입력한 후 [Send code]버튼을 눌러주세요.

❹ 핸드폰으로 인증 코드가 전송되면 코드 입력 창에 코드를 입력합니다. 코드를 입력하고 나면 회원가입이 완료됩니다.

챗GPT 시작하기

로그인을 하면 아래와 같이 챗GPT 화면이 나옵니다.

아래쪽에 있는 ❶입력창에 요청하고자 하는 내용을 입력하거나, 왼쪽 메뉴에 있는 ❷[New Chat] 버튼을 클릭한 다음 채팅창에 내용을 입력하여 사용할 수 있습니다.

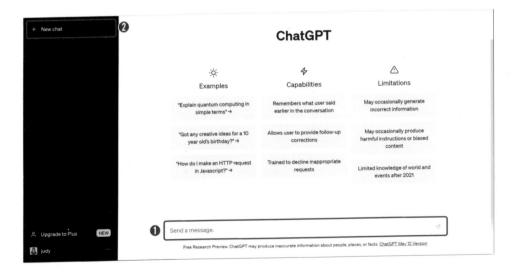

챗GPT로 동화책의 스토리 만들기

동화책 만들기 첫 번째 단계인 동화책 스토리 만들기부터 시작해 볼게요. 챗GPT에 다음과
같이 메시지를 작성합니다. 만약 글자 수 제한으로 중간에 이야기가 끊긴다면 "이어서 작성
해 주세요." 또는 "계속"이라고 입력하면 이어서 작성해 줘요.

안녕하세요. 당신은 동화 작가입니다. 귀여운 아기토끼가 숲 속에서 길을 잃어버렸다가 가족을 찾는 이야
기를 만들 거예요. 너무 길지 않게 동화책 스토리를 작성해 주세요.

안녕하세요! 아기 토끼가 가족을 찾는 이야기를 만들어 드릴게요.

한때 숲속에는 아기동물들이 가족들과 함께 살았습니다. 아기토끼는 빠른 발걸음으로 숲속을 돌아다
니며 노는 것을 좋아했습니다. 그러나 어느날, 아기토끼는 엄마와 아빠와 함께 집으로 돌아가려고 했지
만 길을 잃어버렸습니다.

아기토끼는 숲속을 돌아다니며 울음소리를 내며 도움을 요청했지만, 아무도 그를 찾을 수 없었습니다.
그러나 마침내, 작은새가 아기토끼를 발견했고, 그녀는 아기토끼를 도와주기로 결심했습니다.

새는 아기토끼와 함께 다른 동물들을 찾아다니며, 그들에게 아기토끼의 상황을 알려주었습니다. 아기
토끼는 작은새와 함께 새로운 친구들을 만났고, 그들은 모두 아기토끼를 돕기 위해 노력했습니다.

어느 날, 작은 다람쥐가 아기토끼의 부모님을 찾았습니다. 그들은 아기토끼가 숲속에서 길을 잃어버린
것을 알고 울고 있었습니다. 아기토끼는 엄마와 아빠를 보면서 눈물을 흘리며 기뻐했습니다.

모든 동물들은 아기토끼를 보고 기뻐했습니다. 아기토끼는 그들에게 감사의 인사를 전하며, 이제부터
는 더욱 조심해서 숲속을 돌아다닐 것을 다짐했습니다. 이렇게 아기토끼는 새로운 친구들을 만나고 가
족을 찾으며 모험을 즐기며 성장하는 이야기를 마무리했습니다.

이렇게 챗GPT를 활용해 동화책 스토리를 만들었어요. 이어서 이미지 생성 AI를 활용해 동
화책에 사용할 삽화를 만들어 볼게요.

5.2 플레이그라운드 AI로 삽화 생성하기

이어서 동화책 만들기의 두 번째 단계인 이미지 생성 AI를 활용해 삽화를 만드는 방법을 살펴볼게요. 이미지를 생성하는 AI는 굉장히 다양한데, 이 책에서는 무료로 사용할 수 있는 플레이그라운드 AI를 활용할 거예요.

이미지 생성 AI – 플레이그라운드 AI

이미지 생성 AI 중에서는 예술 대회에서 우승한 미드저니(Midjourney)가 유명하지만, 현재 무료 사용이 중지되고 유료 버전만 이용할 수 있습니다. 그래서 이 책에서는 초보자들도 쉽게 다룰 수 있고, 무료로 1,000장의 이미지를 생성할 수 있는 플레이그라운드 AI를 활용해 이미지를 제작하는 방법을 알려드리려고 해요.

플레이그라운드 AI는 스테이블 디퓨전(Stable Diffusion) 모델을 사용하여 높은 퀄리티의 이미지를 생성할 수 있어요. 또한 텍스트 프롬프트로 간단하게 이미지를 생성할 수 있어서 초보자들도 쉽게 그림을 만들 수 있어요.

플레이그라운드 AI 가입하기

01. 구글에서 '플레이그라운드 AI'로 검색한 다음 맨 위에 있는 [Playground AI] 링크를 클릭해 플레이그라운드 AI 홈페이지에 접속합니다. 또는 주소창에 아래 주소를 입력해 접속해 주세요.

- 플레이그라운드 AI 홈페이지: https://playgroundai.com/

02. 사이트에 접속한 다음 오른쪽 상단에 있는 [Sign Up] 링크를 클릭합니다. 회원가입 화면이 나오면 구글 계정을 연동해 회원가입 하고, 로그인합니다. 플레이그라운드 AI는 별도의 가입 절차 없이 구글 계정을 연동하여 사용할 수 있습니다.

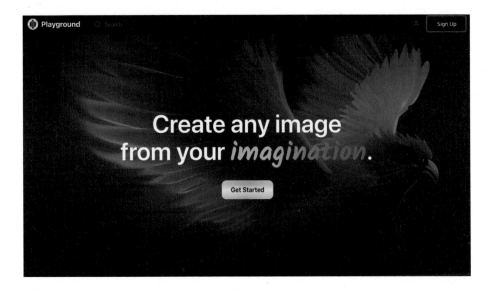

플레이그라운드 AI 시작하기

로그인 후 오른쪽 상단에 있는 [Create] 버튼을 클릭하세요.

플레이그라운드 AI의 이미지 생성 페이지에 들어왔어요. 각 메뉴를 하나씩 살펴볼게요.

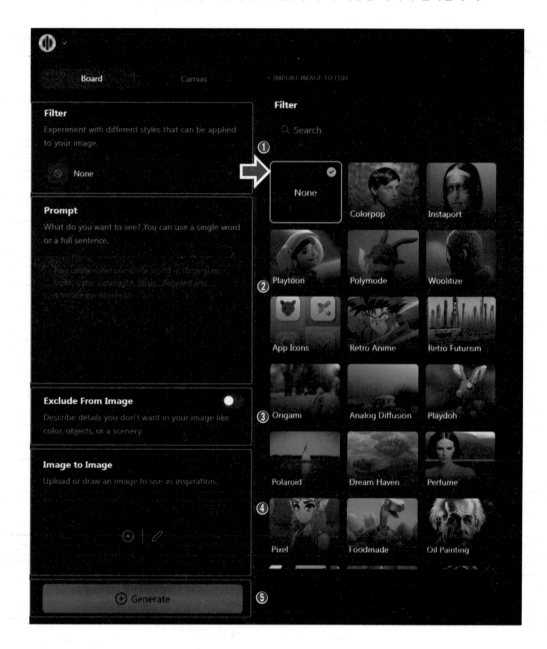

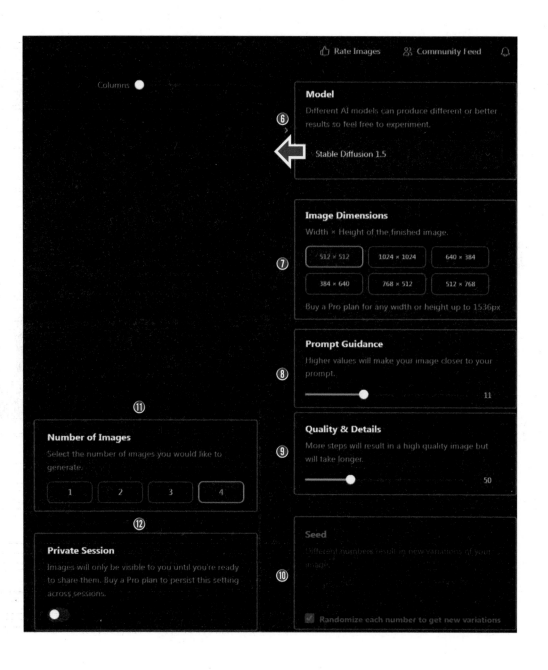

❶ Filter: 필터에서는 이미지의 스타일을 결정할 수 있어요. 필터를 적용하지 않는 'None'과 플레이그 라운드 AI에서 제공하는 다양한 필터 종류를 선택할 수 있어요. 내가 필요로 하는 이미지에 맞는 필터를 선택하면 Prompt(프롬프트)의 첫 문장에 필터 이름이 추가되고, 필터에 해당하는 형태의 이미지를 생성합니다.

❷ Prompt: 프롬프트는 인공지능 모델에게 이미지나 글을 생성해 달라고 요청하기 위해 입력하는 명령 키워드 값이에요. 이 명령어는 기계와 소통할 수 있는 언어라고 할 수 있어요. AI 이미지를 효율적으로 생성하려면 '프롬프트(Prompt)'를 잘 작성해야 해요.

프롬프트를 만들 때는 구체적으로 설명할수록 원하는 이미지와 가깝게 구현할 수 있어요. 플레이 그라운드 AI에서는 다른 사람들이 생성한 이미지의 프롬프트(Prompt)를 가져와서 사용할 수도 있어요.

❸ Exclude From Image: 불필요한 요소를 빼는 곳이에요. 이미지에서 보고 싶지 않은 프롬프트 (Prompt)를 넣으면 돼요. Negative Prompt와 비슷한 의미예요.

❹ Image to Image: 생성한 이미지나, 가지고 있는 사진을 넣어 비슷한 형태의 이미지가 생성되게 할 수 있어요.

❺ Generate: 생성하기 버튼으로 이 버튼을 클릭하면 이미지가 생성됩니다.

❻ Model: 플레이그라운드 AI에서 이미지를 생성하기 위해 어떤 모델을 사용할 것인지 선택할 수 있어요. 총 4가지 모델이 있으며, 저는 주로 Stable Diffusion 1.5를 사용합니다.

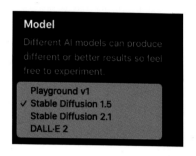

❼ Image Dimensions: 생성할 이미지 사이즈를 선택할 수 있어요. 큰 사이즈를 선택하면 나중에 필요한 부분을 잘라서 사용할 수 있지만, 이미지 생성하는 데 시간이 조금 더 걸립니다.

❽ Prompt Guidance: 이 값을 크게 설정할수록 프롬프트(Prompt)를 정확하게 반영합니다.

❾ Quality & Details: 이 값을 크게 설정할수록 이미지의 퀄리티가 높아지지만, 이미지가 생성되는 속도는 더 느려집니다.

❿ Seed: 생성한 이미지를 식별할 수 있는 고유 숫자 값입니다. 나중에 이 번호를 사용해 다른 이미지를 만들 때 참고 이미지로 사용할 수 있어요.

⓫ Number of Images: 생성할 이미지의 개수를 지정할 수 있어요.

⓬ Private Session: 생성한 이미지를 사람들에게 공개하지 않고, 나만 볼 수 있게 설정할 수 있어요. 이 설정을 계속 유지하고 싶다면 Pro Plan(유료 구독)을 신청해야 해요.

플레이그라운드 AI로 삽화 생성하기

01. 이미지를 생성하기 전에 챗GPT에서 스토리에 어울리는 프롬프트(Prompt)를 만들 거예요. 챗GPT로 이동한 다음 새 채팅창을 생성하고, 아래와 같이 요청했어요.

플레이그라운드 Ai는 Stable Diffusion v1.5를 사용해 그림을 생성하는 AI 프로그램입니다. 당신은 지금부터 Stable Diffusion v1.5로 이미지를 생성하기 위한 **프롬프트 엔지니어**입니다. Stable Diffusion v1.5를 이용해 제가 요청하는 내용으로 가장 좋은 이미지를 생성할 수 있도록 **프롬프트**를 구성해 주세요.

프롬프트 규칙은 아래 조건을 충족해 주세요.
1) 문자를 입력했을 때 핵심 단어를 골라 **프롬프트**를 작성해 주세요.
2) **프롬프트**의 출력은 되도록 한줄로 써주세요.
3) **프롬프트**의 출력은 영어로 해주세요.

 안녕하세요! Stable Diffusion v1.5 **프롬프트 엔지니어**입니다. 어떤 주제에 대한 이미지를 생성해 드릴까요? 주제에 대한 간단한 설명과 함께 알려주세요.

02. 챗GPT에서 만든 동화 스토리를 축약하여 프롬프트를 만들어 달라고 요청했어요.

 저는 동화책에 쓸 삽화를 만들려고 합니다. 다음 내용에 관련된 **프롬프트**를 작성해 주세요. : 숲속의 귀여운 아기 토끼가 혼자 노는 모습을 그려주세요.

 안녕하세요! 동화책 삽화를 만드는 데 도움을 드릴 Stable Diffusion v1.5**프롬프트 엔지니어**입니다. 아래는 요청하신 내용에 관련된 **프롬프트** 입니다.

프롬프트 : "Draw a picture of a cute baby rabbit playing alone in the forest.

위와 같이 작성된 **프롬프트**를 사용하여 Stable Diffusion v1.5가 귀여운 아기토끼가 혼자 놀고 있는 숲속의 모습을 생성하게 그려줄 수 있을 것입니다. 언제든지 추가적인 도움이 필요하시면 말씀해주세요!

03. 프롬프트를 만들었으니, 이번에는 플레이그라운드 AI에서 이미지를 생성해 볼게요. 플레이그라운드 AI의 이미지 생성 페이지로 이동해 주세요. 동화책에 들어갈 이미지를 구현하기 위해 ❶필터(Filter)를 Storybook으로 선택했어요.

이어서 프롬프트(Prompt)를 입력할 거예요. 챗GPT가 만들어 준 프롬프트를 복사하고, 플레이그라운드 AI의 ❷프롬프트(Prompt)에 붙여 넣을 거예요. 저는 아래와 같이 입력했어요.

Prompt Draw a picture of a cute baby rabbit playing alone in the forest

❸모델(Model)은 Stable Diffusion 1.5를, ❹이미지 크기(Image Dimensions)는 512 x 512를, ❺이미지 갯수(Number of Images)는 4개로 선택했어요. 마지막으로 ❻[Generate] 버튼을 클릭하여 이미지를 생성합니다. 마음에 드는 이미지가 나올 때까지 [Generate] 버튼을 클릭해 주세요.

04. 저는 생성한 이미지 중에서 세 번째 이미지가 마음에 들었어요. 마음에 드는 이미지 위에 마우스를 가져다 대면 이미지를 다운로드 할 수 있어요. [다운로드] 버튼을 클릭해 이미지를 다운로드 해주세요.

그다음 스토리도 같은 방법으로 챗GPT를 이용해 프롬프트를 만들고, 플레이그라운드 AI에서 이미지를 생성해 주세요. 이전에 생성한 이미지 스타일을 참고해서 새로운 이미지를 생성하고 싶을 때는 왼쪽 메뉴 중에서 Image to Image에 참고할 이미지를 업로드한 후 생성해 보세요.

원하는 이미지가 잘 생성되지 않을 때는 프롬프트를 조금씩 변경하면서 원하는 이미지가 나올 때까지 [Generate] 버튼을 클릭해 보세요. 저도 마음에 드는 이미지가 나올 때까지 여러 번 반복해서 이미지를 만들었어요.

제가 챗GPT를 활용해 만들었던 프롬프트는 다음과 같아요.

 저는 동화책에 쓸 삽화를 만들려고 합니다. 다음 내용에 관련된 프롬프트를 작성해주세요. : 숲속의 귀여운 아기토끼가 울고 있고, 작은새가 아기토끼를 달래주는 모습을 그려주세요.

 안녕하세요! 동화책 삽화를 만드는 데 도움을 드릴 Stable Diffusion v1.5프롬프트 엔지니어입니다. 아래는 요청하신 내용에 관련된 프롬프트 입니다.

프롬프트 : "Draw a picture of a cute baby rabbit crying in the forest, while a little bird tries to comfort it."

위와 같이 작성된 프롬프트를 사용하여 Stable Diffusion v1.5 귀여운 아기토끼가 울고 있는 모습과 작은새가 아기토끼를 달래주는 모습을 생생하게 그려줄 수 있을 것입니다. 언제든지 추가적인 도움이 필요하시면 말씀해주세요!

 저는 동화책에 쓸 삽화를 만들려고 합니다. 다음 내용에 관련된 프롬프트를 작성해주세요.: 숲속의 귀여운 아기토끼를 둘러싼 동물 친구들을 그려주세요.

 안녕하세요! 동화책 삽화를 만드는 데 도움을 드릴 Stable Diffusion v1.5프롬프트 엔지니어입니다. 아래는 요청하신 내용에 관련된 프롬프트 입니다.

프롬프트 :"Please generate an illustration of cute forest animals surrounding a cute baby rabbit in the forest."

 저는 동화책에 쓸 삽화를 만들려고 합니다. 다음 내용에 관련된 프롬프트를 작성해주세요. : 숲속의 귀여운 토끼가족을 그려주세요. 아기토끼, 엄마토끼, 아빠토끼, 작은다람쥐가 함께 있는 모습을 그려주세요.

 아래는 요청하신 내용에 맞는 Stable Diffusion v1.5용 프롬프트입니다.

프롬프트 : "Draw a cute rabbit family in the forest. The family consists of a baby rabbit, a mother rabbit, a father rabbit, and a small squirrel all together.

저는 동화책에 쓸 삽화를 만들려고 합니다. 다음 내용에 관련된 **프롬프트**를 작성해주세요. : 숲속의 귀여운 아기토끼가 동물친구들과 놀고 있는 모습을 그려주세요.

 안녕하세요! 동화책 삽화를 만드는 데 도움을 드릴 Stable Diffusion v1.5프롬프트 엔지니어입니다. 아래는 요청하신 내용에 관련된 **프롬프트** 입니다.

프롬프트 : "Please generate an illustration of a cute baby rabbit playing with animal friends in the forest."

다음은 플레이그라운드 AI에서 생성한 이미지입니다.

플레이그라운드 AI 이미지 생성한 이미지를 모두 내려받아 주세요. 이제 미리캔버스로 가서 동화책을 만들 거예요.

5.3   미리캔버스로 동화책 완성하기

동화책 만들기의 세 번째 단계로 미리캔버스를 활용해 동화책을 완성해 볼게요. 플레이그라운드 AI 생성한 이미지에 글자를 넣고 동화책 표지를 만들어 완성할게요.

01. 워크스페이스에서 오른쪽 상단의 ❶[디자인 만들기]를 클릭한 다음 [웹용] 탭에 있는 ❷[소셜 미디어 정사각형]을 클릭합니다.

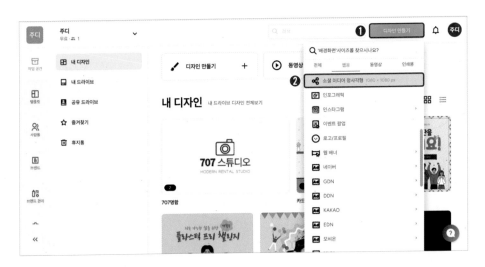

02. 왼쪽에서 ❶[업로드] 메뉴를 클릭한 다음 초록색 ❷[업로드] 버튼을 클릭해 플레이그라운드 AI에서 다운로드 받은 이미지들을 업로드 해주세요.

03. 첫 번째 이미지를 선택하고, 이미지를 마우스 오른쪽 버튼으로 클릭한 다음 [배경으로 만들기]를 클릭
해 주세요. 그럼 다음과 같이 이미지가 배경으로 만들어지고 움직이지 않아요.

04. 왼쪽에서 [텍스트] 메뉴를 클릭한 다음 [본문 텍스트 추가]를 선택해 주세요. 텍스트 상자가 추가되면
챗GPT에서 만든 스토리를 가지고 와서 내용을 넣어주세요. 저는 폰트 색상, 크기, 외곽선, 그림자를
이용해서 폰트를 디자인해 보았어요.

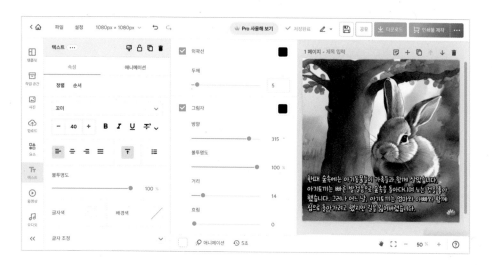

05. 페이지를 추가하고, 나머지 페이지도 같은 방법으로 만들어 주세요. 저는 아래와 같이 만들었어요.

아기토끼는 숲속을 돌아다니며 울음소리를 내며 도움을 요청했지만, 아무도 그를 찾을 수 없었습니다. 그러나 마침내, 작은 새가 아기토끼를 발견했고, 그녀는 아기토끼를 도와주기로 결심했습니다.

새는 아기토끼와 함께 다른 동물들을 찾아다니며, 그들에게 아기토끼의 상황을 알려주었습니다. 아기토끼는 작은새와 함께 새로운 친구들을 만났고, 그들은 모두 아기토끼를 돕기 위해 노력했습니다.

어느 날, 작은 다람쥐가 아기토끼의 부모님을 찾았습니다. 그들은 아기토끼가 숲속에서 길을 잃어버린 것을 알고 울고 있었습니다. 아기토끼는 엄마와 아빠를 보면서 눈물을 흘리며 기뻐했습니다.

모든 동물들은 아기토끼를 보고 기뻐했습니다. 아기토끼는 그들에게 감사의 인사를 전하며, 이제부터는 더욱 조심해서 숲속을 돌아다닐 것을 다짐했습니다. 이렇게 아기토끼는 새로운 친구들을 만나고 가족을 찾으며 모험을 즐기며 성장하는 이야기를 마무리했습니다.

06. 마지막으로 책 표지를 만들어 볼게요. 책 표지도 같은 방법으로 이미지를 업로드하고, 제목을 추가해
주세요. 화살표를 클릭하여 책 표지를 1페이지로 올려주세요.

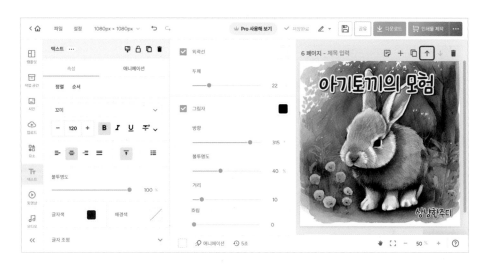

07. 동화책을 모두 완성하였습니다. 완성한 동화책은 PDF로 만들 수도 있고, 카드뉴스로 만들어서 활용할
수도 있어요. 카드뉴스로 만든 이미지에 음성을 추가하면 영상으로도 제작할 수 있어요. 여기에서는
인쇄용 PDF로 다운로드 해볼게요. 오른쪽 상단에 있는 ❶[다운로드] 버튼을 클릭하고 ❷[인쇄용] 탭에
있는 ❸[PDF]를 선택해 주세요. 마지막으로 ❹[다운로드] 버튼을 클릭해 내려 받으면 됩니다.

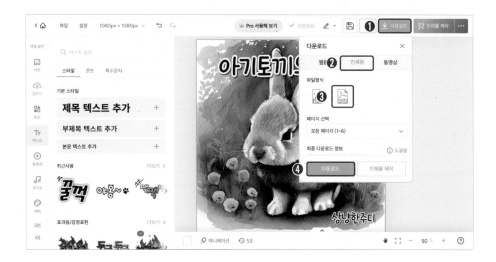

이번 장에서는 챗GPT를 활용해 동화책 스토리를 만들고, 플레이그라운드 AI를 활용해 동화책에 사용할 삽화를 만들어 보았어요. 또한 4.7절 '이미지 생성 AI 사이트'에서 이미지를 생성하는 다양한 AI 사이트를 활용해 이미지를 제작해 보고, 자신의 스타일에 맞는 콘텐츠를 만들어 보세요.

06장

당신도
N잡러가 될 수 있다

6.1 마케팅의 기본, 디자이너 없이도 고퀄리티 콘텐츠 만들기

마케팅에서 디자인은 빠질 수 없어요. 마케터와 디자이너를 따로 뽑아서 일을 맡길 여유가 없을 때가 많아요. 어떻게 상품을 홍보해야 할지 모르겠고, 어떻게 콘텐츠를 만들어야 할지 답답할 때 미리캔버스 활용법을 배워두면 고퀄리티 카드 뉴스와 SNS 콘텐츠 디자인을 만들어 시간과 비용을 절약할 수 있어요.

미리캔버스를 활용해 만든 카드 뉴스와 SNS 콘텐츠

6.2 최적의 콘텐츠 제작 도구, 블로그 시작하기

콘텐츠 제작 도구 중 인스타그램, 유튜브, 블로그는 마케팅을 위한 채널이에요. 그중 저는
왜 블로그를 최적의 콘텐츠 제작 도구로 선택했을까요?

채널별로 이용하는 목적이 다른데, 먼저 인스타그램은 홍보하려는 물품이 시각적일 때 적
합해요. 한 장의 사진으로 콘셉트를 명확히 보여줄 수 있어야 해요. 그리고 해시태그가 있
어 성과가 제일 먼저 나오지만, 그만큼 노출도 짧아요. 유튜브는 흥미 위주의 콘텐츠로, 콘
텐츠에 관심을 가진 분들이 클릭하지만, 유튜브의 진입 장벽은 인스타나 블로그보다 높아
요. 영상을 기획하고 찍어서 편집하기까지 쉽지 않죠.

반면, 블로그는 검색 기반으로 사람들이 원하는 정보를 찾을 때 검색 사이트를 통해 검색했
을 때 타 채널보다 노출 빈도가 높고 높은 도달률을 자랑해요. 궁금한 것을 검색까지 해서
찾아온 사용자이므로 도달률이 더 높은 것 아닐까요?

그리고 블로그는 타 채널과 비교해 긍정적인 댓글과 비슷한 성향의 사람을 만나기가 쉬워
요. 비슷한 관심사를 가진 사람들이 검색해서 내 블로그의 정보가 마음에 들면 내 블로그
내의 다른 포스팅도 읽고 소통할 수 있어요. 그래서 독서 모임이나 습관 챌린지 모임 등을
함께 하며 성장할 수 있어요.

또한 블로그 포스팅은 글쓰기뿐만 아니라 이미지, 영상도 활용할 수 있어 인스타나 유튜브
와도 연계할 수 있어요. 저는 블로그에 사용한 카드 뉴스를 인스타 이미지로 올리기도 하
고, 블로그에 쓴 글로 유튜브 스크립트를 대신하기도 해요. 잘 쓴 블로그 포스팅을 보고 강
의 문의나 디자인 제작 문의, 협업 문의가 오기도 하고 방송 문의 혹은 출간 제의까지, 도전
과 기회가 많아지는 것 같아요. 그래서 여러분께 최적의 콘텐츠 제작 도구 블로그를 시작하
라고 얘기해 드리고 싶어요.

6.3 N잡러의 블로그 활용 방법

평범했던 아줌마가 어떻게 N잡러가 되고 디지털노마드로 생활하게 되었을까요? 저는 블로 그를 시작한 것을 계기로 N잡러가 되고 디지털노마드가 되었다고 말하고 싶어요.

처음에는 매일 새벽에 일어나 블로그에 포스팅하는 것으로 시작했고, 저와 함께 새벽 기상 과 블로그 포스팅을 할 분들을 모집했어요. 처음 모집했을 때 10명 정도가 모여 새벽 기상 과 블로그 포스팅을 하며 소통했고, 제가 블로그를 공부하며 팁이나 알게 된 정보를 포스팅 하기 시작했더니 더 많은 분이 저에게 관심을 가져주었어요. 그렇게 저와 소통하고 모였던 분들은 제가 무언가 할 때마다 관심을 가져줬고, 그분들이 응원해 주셔서 제가 계속 더 배 우고 성장하는 계기가 된 것 같아요.

처음 블로그로 수익을 낸 것은 애드포스트를 통해서였고 금액은 소소했어요. 승인된 후 애 드포스트에 관한 글을 작성하고 더 궁금해서 문의하는 분에게 댓글로 더 자세히 설명해드 렸어요. 그리고 그다음은 블로그 포스팅에 사용할 수 있는 OGQ 마켓 스티커 제작이었는 데, 제가 만든 스티커를 보고 귀엽다고 구매하거나 어떻게 만드는지 제작 방법을 궁금해하 는 분들에게 포스팅과 댓글로 알려드렸어요. 그리고 최근에는 이모티콘 제작 강의도 하게 되었어요.

아울러 스마트스토어에 관심 있는 이웃을 위해 제가 운영 경험이 있었던 스마트스토어에 관련된 글을 시리즈로 포스팅했고, 그 콘텐츠를 통해 스마트스토어 상세 페이지 제작 및 코칭 의뢰가 들어왔어요. 그리고 그렇게 들어온 제작과 코칭에 대한 포스팅도 기록으로 남겼더니 그것을 본 분들이 또 문의를 주셨어요.

블로그에 제가 하는 일과 했던 일, 할 수 있는 일, 관심 분야에 대해 꾸준히 기록을 남겼을 뿐인데, 관심 있는 분들이 검색으로, 혹은 소통하다가 그 분야의 일이 필요할 때 연락을 주셨어요.

네이버 인플루언서가 되기 위해 홈페이지형 블로그로 새롭게 단장했고, 단번에 네이버 인플루언서가 되었어요. 그리고 인플루언서가 되기 위해 제가 했던 방법을 포스팅해서 올렸는데, 많은 분이 관심을 가졌고, 홈페이지형 블로그에 대해 궁금해하는 분도 많았어요. 그래서 그 방법을 알려주려고 무료 강의를 시작했고, 그것을 많은 분이 좋아해 주시고 좋은 후기를 남겨주셨어요. 그래서 무료 강의에서 유료 강의로 전환하게 되었고, 제가 온라인 강의를 할 수 있는 계기가 되었어요.

또한 제가 관리하는 쇼핑몰의 제품을 리뷰하여 쇼핑몰에 고객을 유입했으며, 인스타 유튜브 채널로 들어올 수 있는 통로를 만들었어요.

블로그 프로필에 나의 관심 분야와 하는 일을 적어놓고, 강의와 코칭 문의는 이메일로 하라며 이메일 주소를 남겨놓았는데, 정말 이메일 주소에 문의 글을 남기는 분들이 생기더라고요. 이렇게 블로그를 통해 많은 직업을 창출해 낼 수 있어요.

블로그를 활용한 수익화 방법

1. 블로그 애드포스트
2. OGQ 이모티콘 제작
3. 체험단, 서평단, 서포터즈
4. 원고료
5. 온라인 강의

6. 온라인 모임(새벽기상, 독서, 다이어트, 글쓰기, 부동산, 경제, 디지털공부 등)

7. 책 출간

8. 마케팅

9. 블로그마켓(블로그에서 물건 판매)

6.4 SNS에 나를 브랜딩하라

코로나로 인해 다양한 온라인 매체가 생기고 있어요. 그런 다양한 매체에 내가 남긴 기록이 데이터로 쌓여 '나'라는 사람을 증명한다고 해요. 이제는 이런 온라인 세상에서 나만의 일을 찾아 나를 브랜딩할 수 있는 시대예요.

퍼스널 브랜딩이란?

자신을 브랜드화하여 특정 분야에서 사람들이 나를 가장 먼저 떠올릴 수 있게 만드는 과정, 특정 분야에서 차별화되는 나만의 가치를 높여서 인정받게끔 하는 과정을 퍼스널 브랜딩이라고 해요[3].

유명 연예인이나 유명인사들은 굳이 본인을 알릴 필요가 없겠지만, 개인은 본인을 포장하여 브랜딩하여 나의 가치를 올려야 해요. 거창한 포장보다 진정성 있는 스토리가 더 중요해요.

평범한 아줌마에서 N잡러가 된 스토리, 블로그 왕초보에서 온라인 강의까지 하게 된 스토리가 저를 브랜딩한 것이에요. 이 스토리는 하루아침에 쌓이는 것이 아니라 꾸준한 기록으로 사람들과 소통하며 공감대를 형성하여 나만의 콘텐츠가 쌓이는 것이에요.

저는 블로그, 인스타그램, 유튜브, 카카오 브런치 등에 저를 브랜딩하며 더 많은 기회가 온 것 같아요.

---

3 출처: 네이버 국어사전

6.5 N잡러, 지금 바로 시작하라

누구나 처음 시작은 두려울 거예요. 항상 부족하다고 느꼈고, 부족하니 더 배워야 한다고 생각해서 무언가 시작하기가 어려웠던 것 같아요. 하지만 도전하지 않았다면 제가 무엇을 잘하는지, 잘할 수 있는지 찾지 못했을 거예요. 꼭 잘하는 것을 시작하지 않아도 돼요. 일단 시작하고, 모자란 부분은 그때그때 배워가며 할 수 있어요.

시작해서 실패하더라도, 그건 실패하는 게 아니라 경험이 쌓이는 것이라고 생각을 바꿔보세요. 정말 내공은 경험에서 나온다는 것, 시작해보고 경험해본 분들은 아실 거예요.

저는 제 삶을 바꾸고 싶어 새벽 기상을 시작하며 블로그에 글을 올렸고, 그로 인해 모임을 만들고, 모임을 함께하는 분들과 성장하고 싶어 제가 알려줄 수 있는 것을 알려주다가 온라인 강의를 시작하게 되었고, N잡러가 되었어요.

저도 처음부터 모든 것을 계획하고 한 건 아니었어요. 하나를 시작했더니 그다음 해야 할 것이 보였고, 그걸 하고 나니 제가 할 수 있는 다른 일이 찾아왔어요.

처음 시작은 블로그에 글 하나를 올리는 것이었어요. 글 한 줄, 사진 한 장이라도 올리는 것부터 시작해보세요. 내가 할 수 있는, 하고 싶은 작은 일부터 시작하면 돼요.

15년 전업 맘에 용기 없던 제가 했던 것처럼 여러분도 할 수 있어요!

상냥한주디가 알려주는

N잡러를 위한
미리캔버스

상냥한주디(김정훈) 지음